M. MARTIN REL.

LA REINE MARGOT

PAR

ALEXANDRE DUMAS.

5

PARIS
MICHEL LÉVY FRÈRES, ÉDITEURS, | PÉTION, ÉDITEUR,
1, rue Vivienne. | 11, rue du Jardinet.
1847

LA REINE MARGOT.

LIBRAIRIE DE MICHEL LÉVY FRÈRES, RUE VIVIENNE, 1.

Sous Presse :

LE FAUST DE GOETHE
TRADUCTION REVUE ET COMPLÈTE,

Précédée d'un Essai sur Goethe, par Henri Blaze.

Édition illustrée de 10 vign. par Tony Johannot, gravées sur acier par Langlois.

Un volume grand in-8. — Prix : 12 fr.

Publié en 40 livr. à 30 cent.

En vente :

LES JÉSUITES

Depuis leur origine jusqu'à nos jours.

HISTOIRE, TYPES, MŒURS, MYSTÈRES,

PAR M. A. ARNOULD.

Illustrés de 20 gravures sur acier et de 100 gravures sur bois, d'après les dessins de MM. Tony Johannot, J. David, E. Giraud, Janet Lange, E. Lorsay, Hadumard, Frère et Dupuis.

2 vol. grand in-8. - Prix : 20 fr. ; — publiés en 67 livr. à 30 cent.

LES BAGNES

HISTOIRE, TYPES, MŒURS, MYSTÈRES,

PAR M. MAURICE ALHOY.

Un volume grand in-8, orné de 105 gravures dont 35 tirées hors du texte, par MM. de Rudder, Bertal, Valentin, Jules Noël, etc.

Publié en 50 livr. à 30 cent., ou 15 fr. l'ouvrage complet.

LES COUVENTS

ORIGINE.— HISTOIRE,— RÈGLE,— DISCIPLINE,— MOEURS,— TYPES,— MYSTÈRES.

PAR MM. LOUIS LURINE ET ALPHONSE BROT,

Illustrés par MM. Tony Johannot, Baron, C. Nanteuil et Français.

Un volume grand in-8. — Prix : 10 fr.

ÉCRIVAINS ET POÈTES DE L'ALLEMAGNE

Par HENRI BLAZE, 1 vol. in-18, format anglais.—Prix : 3 fr. 50 c.

BLUETTES ET BOUTADES

Par J. PETIT-SENN, avec un Avant-Propos de M. LOUIS REYBAUD.

Un vol. in-18, format anglais. — Prix : 3 fr. 50 c.

PORTRAITS LITTÉRAIRES

Par GUSTAVE PLANCHE, 2 vol. in-8. — Prix : 6 fr.

Impr. de E. Dépée, à Sceaux (Seine.)

LA REINE MARGOT

PAR

ALEXANDRE DUMAS.

3

PARIS

MICHEL LÉVY FRÈRES, ÉDITEURS, | PÉTION, ÉDITEUR,
1, rue Vivienne. | 11, rue du Jardinet.

1847

I

Le logis de maître René, le parfumeur de la reine-mère.

A l'époque où se passe l'histoire que nous racontons à nos lecteurs, il n'existait, pour passer d'une partie de la ville à l'autre, que cinq ponts, les uns de pierre, les autres de bois ; encore ces cinq ponts aboutissaient-ils à la Cité. C'étaient le Pont-aux-Meuniers, le

Pont-au-Change, le Pont-Notre-Dame, le Petit-Pont et le Pont-Saint-Michel.

Aux autres endroits où la circulation était nécessaire, des bacs étaient établis, et tant bien que mal remplaçaient les ponts.

Ces cinq ponts étaient garnis de maisons, comme l'est encore aujourd'hui le Ponte-Vecchio à Florence.

Parmi ces cinq ponts qui chacun ont leur histoire, nous nous occuperons particulièrement, pour le moment, du Pont-Saint-Michel.

Le Pont-Saint-Michel avait été bâti en pierres en 1373 ; malgré son apparente solidité, un débordement de la Seine le renversa en partie le 31 janvier 1408 ; en 1416 il avait été reconstruit en bois, mais pendant la nuit du 16 décembre 1547 il avait été emporté de nouveau ; vers 1550, c'est-à-dire vingt-deux ans avant l'époque où nous sommes arrivés, on le reconstruisit en bois, et, quoiqu'on eût déjà eu besoin de le réparer, il passait pour assez solide.

Au milieu des maisons qui bordaient la ligne du pont, faisant face au petit îlot sur lequel avaient été brûlés les templiers et où pose aujourd'hui le terre-plein du Pont-Neuf, on remarquait une maison à panneaux de bois sur laquelle un large toit s'abaissait comme la paupière d'un œil immense. A la seule fenêtre qui s'ouvrît au premier étage au-dessus d'une fenêtre et d'une porte du rez-de-chaussée hermétiquement fermée, transparaissait une lueur rougeâtre qui attirait les regards des passants sur la façade basse, large, peinte en bleu avec de riches moulures dorées. Une espèce de frise, qui séparait le rez-de-chaussée du premier étage, représentait une foule de diables dans des attitudes plus grotesques les unes que les autres, et un large ruban, peint en bleu, comme la façade, s'étendait entre la frise et la fenêtre du premier avec cette inscription :

René, Florentin, parfumeur de Sa Majesté la reine-mère.

La porte de cette boutique, comme nous l'avons dit, était bien verrouillée, mais, mieux que par ses verrous, elle était défendue des attaques nocturnes par la réputation si effrayante de son locataire, que les passants qui traversaient le pont à cet endroit le traversaient presque toujours en décrivant une courbe qui les rejetait vers l'autre rang de maisons, comme s'ils eussent redouté que l'odeur des parfums ne suât jusqu'à eux par la muraille.

Il y avait plus, les voisins de droite et de gauche, craignant sans doute d'être compromis par le voisinage, avaient, depuis l'installation de maître René sur le Pont-Saint-Michel, déguerpi l'un après l'autre de leur logis, de sorte que les deux maisons attenantes à la maison de René étaient demeurées désertes et fermées. Cependant, malgré cette solitude et cet abandon, des passants attardés avaient vu jaillir, à travers les contrevents fermés de ces maisons vides, certains rayons de lumière, et assuraient avoir entendu certains bruits pareils à des plaintes, qui prouvaient que des êtres quelconques fréquentaient ces deux maisons ; seulement on ignorait si ces êtres appartenaient à ce monde ou à l'autre.

Il en résultait que les locataires des deux maisons attenantes aux deux maisons désertes se demandaient de temps en temps s'il ne serait pas prudent à eux de faire à leur tour comme leurs voisins avaient fait.

C'était sans doute à ce privilège de terreur qui lui était publiquement acquis que maître René avait dû de conserver seul du feu après l'heure consacrée. Ni ronde, ni guet n'eût osé d'ailleurs inquiéter un homme doublement cher à Sa Majesté, en sa qualité de compatriote et de parfumeur.

Comme nous supposons que le lecteur cuirassé par le philosophisme du dix-huitième siècle, ne croit plus ni à la magie, ni aux magiciens, nous l'inviterons à entrer avec nous dans cette habitation qui, à cette époque de superstitieuses croyances, répandait autour d'elle un si profond effroi.

La boutique du rez-de-chaussée est sombre et déserte à partir de huit heures du soir, moment auquel elle se ferme pour ne plus se rouvrir qu'assez avant quelquefois dans la journée du lendemain ; c'est là que se fait la vente quotidienne des parfums, des onguents et des cosmétiques de tout genre que débite l'habile chimiste. Deux apprentis l'aident dans cette vente de détail, mais ils ne couchent pas dans la maison ; ils couchent rue de la Calandre. Le soir ils sortent un instant avant que la boutique soit fermée. Le matin, ils se promènent devant la porte jusqu'à ce que la boutique soit ouverte.

Cette boutique du rez-de-chaussée est donc, comme nous l'avons dit, sombre et déserte.

Dans cette boutique, assez large et assez profonde, il y a deux portes, chacune donnant sur un escalier. Un des escaliers rampe dans la muraille même, et il est latéral; l'autre est extérieur et est visible du quai qu'on appelle aujourd'hui le quai des Augustins, et de la berge qu'on appelle aujourd'hui le quai des Orfèvres.

Tous deux conduisent à la chambre du premier.

Cette chambre est de la même grandeur que celle du rez-de-chaussée, seulement une tapisserie tendue dans le sens du pont la sépare en deux compartiments. Au fond du premier compartiment s'ouvre la porte donnant sur l'escalier extérieur. Sur la face latérale du second s'ouvre la porte de l'escalier secret; seulement cette porte est invisible, car elle est cachée par une haute armoire sculptée, scellée à elle par des crampons de fer, et qu'elle pousse en s'ouvrant. Catherine seule connaît avec René le secret de cette porte, c'est par là qu'elle monte et qu'elle descend; c'est l'oreille ou l'œil posé contre cette armoire, dans laquelle des trous sont ménagés, qu'elle écoute et qu'elle voit ce qui se passe dans la chambre.

Deux autres portes parfaitement ostensibles s'offrent encore sur les côtés latéraux de ce second compartiment. L'une s'ouvre sur une petite chambre éclairée par le toit et qui n'a pour tout meuble qu'un vaste fourneau, des cornues, des alambics, des creusets : c'est le laboratoire de l'alchimiste. L'autre s'ouvre sur une cellule plus bizarre que le reste de l'appartement, car elle n'est point éclairée du tout, car elle n'a ni tapis ni meubles, mais seulement une sorte d'autel de pierre.

Le parquet est une dalle inclinée du centre aux extrémités, et aux extrémités court au pied du mur une espèce de rigole aboutissant à un entonnoir par l'orifice duquel on voit couler l'eau sombre de la Seine. A des clous enfoncés dans la muraille sont suspendus des instruments de forme bizarre, tous aigus ou tranchants; la pointe en est fine comme celle d'une aiguille, le fil en est tranchant comme celui d'un rasoir; les uns brillent comme des miroirs, les autres, au contraire, sont d'un gris mat ou d'un bleu sombre. Dans un coin deux poules noires se débattent, attachées l'une à l'autre par la patte : c'est le sanctuaire de l'augure.

Revenons à la chambre du milieu, à la chambre aux deux compartiments.

C'est là qu'est introduit le vulgaire des consultants ; c'est là que les ibis égyptiens, les momies aux bandelettes dorées, le crocodile bâillant au plafond, les têtes de mort aux yeux vides et aux dents branlantes, enfin les bouquins poudreux vénérablement rongés par les rats, offrent à l'œil du visiteur le pêle-mêle d'où résultent les émotions diverses qui empêchent la pensée de suivre son droit chemin. Derrière le rideau sont des fioles, des boîtes particulières, des amphores à l'aspect sinistre ; tout cela est éclairé par deux petites lampes d'argent exactement pareilles, qui semblent enlevées à quelque autel de Santa-Maria-Novella ou de l'église Dei-Servi de Florence, et qui, brûlant une huile parfumée, jettent leur clarté jaunâtre du haut de la voûte sombre où chacune est suspendue par trois chaînettes noircies.

René, seul et les bras croisés, se promène à grands pas dans le second compartiment de la chambre du milieu, en secouant la tête. Après une méditation longue et douloureuse, il s'arrête devant un sablier.

— Ah! ah! dit-il, j'ai oublié de le retourner, et voilà que depuis longtemps peut-être tout le sable est passé.

Alors regardant la lune qui se dégage à grand'peine d'un nuage noir qui semble peser sur la pointe du clocher de Notre-Dame;

— Neuf heures, dit-il. Si elle vient, elle viendra comme d'habitude, dans une heure ou une heure et demie ; il y aura donc temps pour tout.

En ce moment on entendit quelque bruit sur le pont. René appliqua son oreille à l'orifice d'un long tuyau dont l'autre extrémité allait s'ouvrir sur la rue, sous la forme d'une tête de Guivre.

— Non, dit-il, ce n'est ni *elle*, ni *elles*. Ce sont des pas d'hommes ; ils s'arrêtent devant ma porte ; ils viennent ici.

En même temps trois coups secs retentirent.

René descendit rapidement. Cependant il

se contenta d'appuyer son oreille contre la porte, sans ouvrir encore.

Les mêmes trois coups secs se renouvelèrent.

— Qui va là? demanda maître René.

— Est-il bien nécessaire de dire nos noms? demanda une voix.

— C'est indispensable, répond René.

— En ce cas, je me nomme le comte Annibal de Coconnas, dit la même voix qui avait déjà parlé.

— Et moi le comte Lérac de La Mole, dit une autre voix, qui pour la première fois se faisait entendre.

— Attendez, attendez, Messieurs, je suis à vous.

Et en même temps, René tirant les verroux, enlevant les barres, ouvrit aux deux jeunes gens la porte, qu'il se contenta de refermer à la clé; puis, les conduisant par l'escalier extérieur, il les introduisit dans le second compartiment.

La Mole, en entrant, fit le signe de la croix sous son manteau; il était pâle, et sa main tremblait sans qu'il pût réprimer cette faiblesse.

Coconnas regarda chaque chose l'une après l'autre; et trouvant au milieu de son examen la porte de la cellule, il voulut l'ouvrir.

— Permettez, mon gentilhomme, dit René de sa voix grave et en posant sa main sur celle de Coconnas, les visiteurs qui me font l'honneur d'entrer ici n'ont la jouissance que de cette partie de la chambre.

— Ah, c'est différent! repartit Coconnas; et, d'ailleurs, je sens que j'ai besoin de m'asseoir.

Et il se laissa aller sur une chaise.

Il se fit un instant de profond silence : maître René attendait que l'un ou l'autre des deux jeunes gens s'expliquât. Pendant ce temps on entendait la respiration sifflante de Coconnas encore mal guéri.

— Maître René, dit-il enfin, vous êtes un habile homme, dites-moi donc si je demeurerai estropié de ma blessure, c'est-à-dire si j'aurai toujours cette courte respiration qui m'empêche de monter à cheval, de faire des armes et de manger des omelettes au lard?

René approcha son oreille de la poitrine de Coconnas, et écouta attentivement le jeu des poumons.

— Non, Monsieur le Comte, dit-il, vous guérirez.

— En vérité?

— Je vous l'affirme.

— Vous me faites plaisir.

Il se fit un nouveau silence.

— Ne désirez-vous pas savoir encore autre chose, Monsieur le Comte ?

— Si fait, dit Coconnas ; je désire savoir si je suis véritablement amoureux.

— Vous l'êtes, dit René.

— Comment le savez-vous ?

— Parce que vous le demandez.

— Mordi ! je crois que vous avez raison. Mais de qui ?

— De celle qui dit maintenant à tout propos le juron que vous venez de dire.

— En vérité, dit Coconnas stupéfait, maître René, vous êtes un habile homme, A ton tour La Mole.

La Mole rougit et demeura embarrassé.

— Eh! que diable! dit Coconnas, parle donc!

— Parlez, dit le Florentin.

— Moi, Monsieur René, balbutia La Mole, dont la voix se rassura peu à peu, je ne veux pas vous demander si je suis amoureux, car je sais que je le suis et ne m'en cache point ; mais dites moi si je serai aimé, car en vérité tout ce qui m'était d'abord un sujet d'espoir tourne maintenant contre moi.

— Vous n'avez peut-être pas fait tout ce qu'il faut faire pour cela.

— Qu'y a-t-il à faire, Monsieur, qu'à prouver par son respect et son dévoûment à la dame de ses pensées qu'elle est véritablement et profondément aimée ?

— Vous savez, dit René, que ces démonstrations sont parfois bien insignifiantes.

— Alors il faut désespérer ?

— Non, alors il faut recourir à la science. Il y a dans la nature humaine des antipathies qu'on peut vaincre, des sympathies qu'on peut forcer. Le fer n'est pas l'aimant ; mais en l'aimantant, à son tour il attire le fer.

— Sans doute, sans doute, murmura La Mole ; mais je répugne à toutes ces conjurations.

— Ah ! si vous répugnez, dit René, alors il ne fallait pas venir !

— Allons donc, allons donc, dit Coconnas, vas-tu faire l'enfant à présent ! Monsieur René, pouvez-vous me faire voir le diable ?

— Non, Monsieur le Comte.

—J'en suis fâché, j'avais deux mots à lui dire, et cela eût peut-être encouragé La Mole.

— Eh bien, soit! dit La Mole, abordons franchement la question. On m'a parlé de figures en cire modelées à la ressemblance de l'objet aimé. Est-ce un moyen?

— Infaillible.

— Et rien, dans cette expérience, ne peut porter atteinte à la vie ni à la santé de la personne qu'on aime?

— Rien.

—Essayons donc.

— Veux-tu que je commence? dit Coconnas.

— Non, dit La Mole, et, puisque me voilà engagé, j'irai jusqu'au bout.

— Désirez-vous beaucoup, ardemment, impérieusement savoir à quoi vous en tenir, Monsieur de La Mole ? demanda le Florentin.

— Oh ! s'écria La Mole, j'en meurs, maître René !

Au même instant on heurta doucement à la porte de la rue, si doucement que maître René entendit seul ce bruit, et encore parce qu'il s'y attendait sans doute.

Il approcha, sans affectation et tout en faisant quelques questions oiseuses à La Mole, son oreille du tuyau et perçut quelques éclats de voix qui parurent le fixer.

— Résumez donc maintenant votre désir,

dit-il, et appelez la personne que vous aimez.

La Mole s'agenouilla comme s'il eût parlé à une divinité; et René, passant dans le premier compartiment, glissa sans bruit par l'escalier extérieur : un instant après, des pas légers effleuraient le plancher de la boutique.

La Mole, en se relevant, vit devant lui maître René ; le Florentin tenait à la main une petite figurine de cire d'un travail assez médiocre, elle portait une couronne et un manteau.

— Vous voulez toujours être aimé de votre royale maîtresse ? demanda le parfumeur.

— Oui, dût-il m'en coûter la vie, dussé-je y perdre mon âme, répondit La Mole.

— C'est bien, dit le Florentin en prenant du bout des doigts quelques gouttes d'eau dans une aiguière et en les secouant sur la tête de la figurine en prononçant quelques mots latins.

La Mole frissonna, il comprit qu'un sacrilège s'accomplissait.

— Que faites-vous ? demanda-t-il.

— Je baptise cette petite figure du nom de Marguerite.

— Mais dans quel but?

— Pour établir la sympathie.

La Mole ouvrait la bouche pour l'empêcher d'aller plus avant, mais un regard railleur de Coconnas l'arrêta.

René, qui avait vu le mouvement, attendit.

— Il faut la pleine et entière volonté, dit-il.

— Faites, répondit La Mole.

René traça sur une petite banderole de papier rouge quelques caractères cabalistiques, les passa dans une aiguille d'acier, et, avec cette aiguille, piqua la statuette au cœur.

Chose étrange! à l'orifice de la blessure apparut une gouttelette de sang, puis il mit le feu au papier.

La chaleur de l'aiguille fit fondre la cire autour d'elle et sécha la gouttelette de sang.
— Ainsi, dit René, par la force de la sympathie votre amour percera et brûlera le cœur de la femme que vous aimez.

Coconnas, en sa qualité d'esprit fort, riait dans sa monstache et raillait tout bas; mais La Mole, aimant et superstitieux, sentait une sueur glacée perler à la racine de ses cheveux.

— Et maintenant, dit René, appuyez vos lèvres sur les lèvres de la statuette en disant :

— Marguerite, je t'aime ; viens, Marguerite !

La Mole obéit.

En ce moment on entendit ouvrir la porte de la seconde chambre, et des pas légers s'approchèrent. Coconnas, curieux et incrédule, tira son poignard, et, craignant, s'il tentait de soulever la tapisserie que René ne lui fît la même observation que lorsqu'il voulut ouvrir la porte, fendit avec son poignard l'épaisse tapisserie, et, ayant appliqué son œil à l'ouverture, poussa un cri d'étonnement auquel deux cris de femmes répondirent.

— Qu'y a-t-il? demanda La Mole prêt à laisser tomber la figurine de cire, que René lui reprit des mains.

— Il y a, reprit Coconnas, que la duchesse de Nevers et madame Marguerite sont là.

— Eh bien, incrédules! dit René avec un sourire austère, doutez-vous encore de la force de la sympathie?

La Mole était resté pétrifié en apercevant sa reine, Coconnas avait eu un moment d'éblouissement en reconnaissant madame de Nevers. L'un se figura que les sorcelleries de maître René avaient évoqué le fantôme de Marguerite, l'autre, en voyant entr'ouverte encore la porte par laquelle les charmants fantômes étaient entrés, eut bientôt trouvé l'explication de ce prodige dans le monde vulgaire et matériel.

Pendant que La Mole se signait et soupirait à fendre des quartiers de roc, Coconnas, qui avait eu tout le temps de se faire des questions philosophiques et de chasser l'esprit malin à l'aide de ce goupillon qu'on appelle l'incrédulité, Coconnas, voyant par l'ouverture du rideau fermé l'ébahissement de madame de Nevers et le sourire un peu caustique de Marguerite, jugea que le moment était décisif, et comprenant que l'on peut dire pour un ami ce que l'on n'ose dire pour soi-même, au lieu d'aller à madame de Nevers il alla droit à Marguerite, et, mettant un genou en terre à la façon dont était représenté, dans les parades de la foire, le grand Artaxerce, il s'écria d'une voix à laquelle le sifflement de sa blessure donnait un certain accent qui ne manquait pas de puissance :

— Madame, à l'instant même, sur la demande de mon ami le comte de La Mole, maître René évoquait votre ombre ; or, à mon grand étonnement, votre ombre est apparue accompagnée d'un corps qui m'est bien cher et que je recommande à mon ami. Ombre de Sa Majesté la reine de Navarre, voulez-vous bien dire au corps de votre compagne de passer de l'autre côté du rideau ?

Marguerite se mit à rire et fit signe à Henriette, qui passa de l'autre côté.

— La Mole, mon ami ! dit Coconnas, sois éloquent comme Démosthène, comme Cicéron, comme M. le chancelier de L'Hospital ; et songe qu'il y va de ma vie si tu ne persuades pas au corps de madame la duchesse de Nevers que je suis son plus dévoué, son plus obéissant et son plus fidèle serviteur.

— Mais..., balbutia La Mole.

— Fais ce que je te dis ; et vous, maître René, veillez à ce que personne ne nous dérange.

René fit ce que lui demandait Coconnas.

— Mordi ! Monsieur, dit Marguerite, vous êtes homme d'esprit. Je vous écoute ; voyons, qu'avez-vous à me dire ?

— J'ai à vous dire, Madame, que l'ombre de mon ami, — car c'est une ombre ; et la preuve c'est qu'elle ne prononce pas le plus petit mot; — j'ai donc à vous dire que cette ombre me supplie d'user de la faculté qu'ont les corps de parler intelligiblement pour vous dire : — Belle ombre, le gentilhomme ainsi excorporé a perdu tout son corps et tout son souffle par la rigueur de vos yeux. Si vous étiez vous-même, je demanderais à maître René de m'abîmer dans quelque trou sulfureux plutôt que de tenir un pareil langage à la fille du roi Henri II, à la sœur du roi Charles IX, et à l'épouse du roi de Navarre. Mais les ombres sont dégagées de tout orgueil terrestre, et elles ne se fâchent pas quand on les aime. Or priez votre corps, Madame, d'aimer un peu l'âme de ce pauvre La Mole, âme en peine s'il en fut jamais; âme persécutée d'abord par l'amitié, qui lui a à trois reprises enfoncé plusieurs pouces de fer dans le ventre : âme brûlée par le feu de vos yeux, feu mille fois plus dévorant que tous les feux de l'enfer. Ayez donc pitié de cette pauvre âme, aimez un peu ce qui fut le beau La Mole, et, si vous n'avez plus la parole, usez du geste, usez du sourire. C'est une âme fort intelligente que celle de mon ami, et elle comprendra tout. Usez-en, mordi! ou je passe mon épée au travers du corps de René, pour qu'en vertu du pouvoir qu'il a sur les ombres il force la vôtre, qu'il a déjà évoquée si à propos, de faire des choses peu séantes pour une ombre honnête comme vous me faites l'effet de l'être.

A cette péroraison de Coconnas, qui s'était campé devant la reine en Énée descendant aux enfers, Marguerite ne put retenir un énorme éclat de rire, et, tout en gardant le silence qui convenait en pareille occasion à une ombre royale, elle tendit la main à Co-
-connas.

Celui-ci la reçut délicatement dans la sienne, en appelant La Mole :

— Ombre de mon ami, s'écria-t-il, venez ici à l'instant même.

La Mole, tout stupéfait et tout palpitant, obéit.

— C'est bien, dit Coconnas en le prenant par derrière la tête ; maintenant approchez la vapeur de votre beau visage brun de la blanche et vaporeuse main que voici.

Et Coconnas, joignant le geste aux paroles, unit cette fine main à la bouche de La Mole, et les retint un instant respectueusement appuyées l'une sur l'autre, sans que la main essayât de se dégager de la douce étreinte.

Marguerite n'avait pas cessé de sourire, mais madame de Nevers ne souriait pas, elle, encore tremblante de l'apparition inattendue des deux gentilshommes. Elle sentait augmenter son malaise de toute la fièvre d'une jalousie naissante, car il lui semblait que Coconnas n'eût pas dû oublier ainsi ses affaires pour celles des autres.

La Mole vit la contraction de son sourcil, surprit l'éclair menaçant de ses yeux, et, malgré le trouble enivrant où la volupté lui conseillait de s'engourdir, il comprit le danger que courait son ami et devina ce qu'il devait tenter pour l'y soustraire.

Se levant donc et laissant la main de Marguerite dans celle de Coconnas, il alla saisir celle de la duchesse de Nevers, et, mettant un genou en terre :

— O la plus belle, ô la plus adorable des femmes ! dit-il, je parle des femmes vivantes, et non des ombres, et il adressa un regard et un sourire à Marguerite, permettez à une âme dégagée de son enveloppe grossière de réparer les absences d'un corps tout absorbé par une amitié matérielle. M. de Coconnas, que vous voyez, n'est qu'un homme, un homme d'une structure ferme et hardie, c'est une chair belle à voir peut-être, mais périssable comme toute chair : *Omnis caro fenum.* Bien que ce gentilhomme m'adresse du matin au soir les litanies les plus suppliantes à votre sujet, bien que vous l'ayez vu distribuer les plus rudes coups que l'on ait jamais fournis en France, ce champion si fort en éloquence près d'une ombre n'ose parler à une femme. C'est pour cela qu'il s'est adressé à l'ombre de la reine, en me chargeant, moi, de parler à votre beau

corps, de vous dire qu'il dépose à vos pieds
son cœur et son âme ; qu'il demande à vos
yeux divins de le regarder en pitié, à vos
doigts roses et brûlants de l'appeler d'un signe ; à votre voix vibrante et harmonieuse
de lui dire de ces mots qu'on n'oublie pas ;
ou sinon, il m'a encore prié d'une chose,
c'est, dans le cas où il ne pourrait vous at-
tendrir, de lui passer, pour la seconde fois,
mon épée, qui est une lame véritable, les
épées n'ont d'ombre qu'au soleil, de lui passer, dis-je, pour la seconde fois, mon épée
au travers du corps : car il ne saurait vivre
si vous ne l'autorisez à vivre exclusivement
pour vous.

Autant Coconnas avait mis de verve et de
pantalonnade dans son discours, autant La
Mole venait de déployer de sensibilité, de

puissance enivrante et de câline humilité dans sa supplique.

Les yeux de Henriette se détournèrent alors de La Mole qu'elle avait écouté tout le temps qu'il venait de parler, et se portèrent sur Coconnas pour voir si l'expression du visage du gentilhomme était en harmonie avec l'oraison amoureuse de son ami. Il paraît qu'elle en fut satisfaite, car rouge, haletante, vaincue, elle dit à Coconnas avec un sourire qui découvrait une double rangée de perles enchassées dans du corail :

— Est-ce vrai ?

— Mordi! s'écria Coconnas fasciné par ce regard, et brûlant des feux du même fluide ; c'est vrai !... Oh! oui, Madame, c'est vrai, vrai sur votre vie, vrai sur ma mort !

— Alors, venez donc ! dit Henriette en lui tendant la main avec un abandon que trahissait la langueur de ses yeux.

Coconnas jeta en l'air son toquet de velours et d'un bond fut près de la jeune femme, tandis que La Mole, rappelé de son côté par un geste de Marguerite, faisait avec son ami un chassez-croisez amoureux.

En ce moment René apparut sur la porte du fond.

— Silence ! s'écria-t-il avec un accent qui éteignit toute cette flamme... silence !

Et l'on entendit dans l'épaisseur de la muraille le frôlement du fer grinçant dans une serrure et le cri d'une porte roulant sur ses gonds.

— Mais, dit Marguerite fièrement, il me semble que personne n'a le droit d'entrer ici quand nous y sommes !

— Pas même la reine-mère ! murmura René à son oreille.

Marguerite s'élança aussitôt par l'escalier extérieur, attirant La Mole après elle ; Henriette et Coconnas, à demi enlacés, s'enfuirent sur leurs traces.

—Tous quatre s'envolant comme s'envolent, au premier bruit indiscret, les oiseaux gracieux qu'on a vus se becqueter sur une branche en fleur.

II

Les poules noires.

Il était temps que les deux couplés disparussent. Catherine mettait la clé dans la serrure de la seconde porte au moment où Coconnas et madame de Nevers sortaient par l'issue du fond, et Catherine en entrant put entendre le craquement de l'escalier sous les pas des fugitifs.

Elle jeta autour d'elle un regard inquisiteur, et arrêtant enfin son œil soupçonneux sur René, qui se trouvait debout et incliné devant elle :

— Qui était là ? demanda-t-elle.

— Des amants qui se sont contentés de ma parole quand je les ai assurés qu'ils s'aimaient.

— Laissons cela, dit Catherine en haussant les épaules ; n'y a-t-il plus personne ici ?

— Personne que Votre Majesté et moi.

— Avez-vous fait ce que je vous ai dit ?

— A propos des poules noires ?

— Oui.

— Elles sont prêtes, Madame.

— Ah! si vous étiez juif! murmura Catherine.

— Moi, juif, Madame, pourquoi?

— Parce que vous pourriez lire les livres précieux qu'ont écrits les Hébreux sur les sacrifices. Je me suis fait traduire l'un d'eux et j'ai vu que ce n'était ni dans le cœur ni dans le foie, comme les Romains, que les Hébreux cherchaient les présages : c'était dans la disposition du cerveau et dans la figuration des lettres qui y sont tracées par la main toute-puissante de la destinée.

— Oui, Madame! je l'ai aussi entendu dire par un vieux rabbin de mes amis.

— Il y a, dit Catherine, des caractères ainsi dessinés qui ouvrent toute une voie prophétique ; seulement les savants chaldéens recommandent...

— Recommandent.... quoi ? demanda René, voyant que la reine hésitait à continuer.

— Recommandent que l'expérience se fasse sur des cerveaux humains, comme étant plus développés et plus sympathiques à la volonté du consultant.

— Hélas ! Madame, dit René, Votre Majesté sait bien que c'est impossible !

— Difficile du moins, dit Catherine : car si nous avions su cela à la Saint-Barthélemy.... hein, René ! quelle riche récolte ! Le premier condamné.... j'y songerai. En attendant, demeurons dans le cercle du possible. La chambre des sacrifices est-elle préparée ?

— Oui, Madame.

— Passons-y.

René alluma une bougie faite d'éléments étranges et dont l'odeur, tantôt subtile et pénétrante, tantôt nauséabonde et fumeuse, révélait l'introduction de plusieurs matières ; puis éclairant Catherine, il passa le premier dans la cellule.

Catherine choisit elle-même parmi tous les instruments de sacrifice un couteau d'acier bleuissant, tandis que René allait chercher une des deux poules qui roulaient dans un coin leur œil d'or inquiet.

— Comment procéderons-nous ?

— Nous interrogerons le foie de l'une et le cerveau de l'autre. Si les deux expériences nous donnent les mêmes résultats, il faudra bien croire, surtout si ces résultats se combinent avec ceux précédemment obtenus.

— Par où commencerons-nous ?

— Par l'expérience du foie.

— C'est bien, dit René ; et il attacha la poule sur le petit autel à deux anneaux placés aux deux extrémités, de manière que l'animal renversé sur le dos ne pouvait que se débattre sans bouger de place.

Catherine lui ouvrit la poitrine d'un seul coup de couteau. La poule jeta trois cris, et expira après s'être assez longtemps debattue.

— Toujours trois cris, murmura Catherine, trois signes de mort ; puis elle ouvrit le corps.

— Et le foie penchant à gauche, continua-t-elle, toujours à gauche ; triple mort suivie d'une déchéance. Sais-tu, René, que c'est effrayant ?

— Il faut voir, Madame, si les présages de la seconde victime coïncideront avec ceux de la première.

René détacha le cadavre de la poule et le jeta dans un coin. Puis il alla vers l'autre qui, jugeant de son sort par celui de sa compagne, essaya de s'y soustraire en courant tout autour de la cellule et qui enfin, se voyant prise dans un coin, s'envola par-dessus la tête de René, et s'en alla dans son vol éteindre la bougie magique que tenait à la main Catherine.

— Vous le voyez, René, dit la reine. C'est

ainsi que s'éteindra notre race. La mort soufflera dessus et elle disparaîtra de la surface de la terre. Trois fils, cependant, trois fils !.. murmura-t-elle tristement.

René lui prit des mains la bougie éteinte et alla la rallumer dans la pièce à côté.

Quand il revint, il vit la poule qui s'était fourré la tête dans l'entonnoir.

— Cette fois, dit Catherine, j'éviterai les cris, car je lui trancherai la tête d'un seul coup.

Et en effet, lorsque la poule fut attachée, Catherine, comme elle l'avait dit, d'un seul coup lui trancha la tête. Mais dans la convulsion suprême, le bec s'ouvrit trois fois et se rejoignit pour ne plus se rouvrir.

— Vois-tu, dit Catherine épouvantée. A défaut de trois cris, trois soupirs. Trois, toujours trois. Ils mourront tous trois. Toutes ces âmes, avant de partir, comptent et appellent jusqu'à trois. Voyons maintenant les signes de la tête.

Alors Catherine abattit la crête pâlie de l'animal, ouvrit avec précaution le crâne; et le séparant de manière à laisser à découvert les lobes du cerveau, elle essaya de trouver la forme d'une lettre quelconque sur les sinuosités sanglantes que trace la division de la pulpe cérébrale.

— Toujours, s'écria-t-elle en frappant dans ses deux mains, toujours! et cette fois le pronostic est plus clair que jamais. Viens et regarde.

René s'approcha.

— Quelle est cette lettre ? lui demanda Catherine en lui désignant un signe.

— Un H, répondit René.

— Combien de fois répété ?

René compta.

— Quatre, dit-il.

—Eh bien ! eh bien ! est-ce cela ? Je le vois, c'est-à-dire Henri IV. Oh ! gronda-t-elle en jetant le couteau, je suis maudite dans ma postérité.

C'était une effrayante figure que celle de cette femme pâle comme un cadavre, éclairée par la lugubre lumière, et crispant ses mains sanglantes.

— Il régnera, dit-elle avec un soupir de désespoir, il régnera !

— Il régnera, répéta René enseveli dans une rêverie profonde.

Cependant, bientôt cette expression sombre s'effaça des traits de Catherine à la lumière d'une pensée qui semblait éclore au fond de son cerveau.

— René, dit-elle en étendant la main vers le Florentin, sans détourner sa tête inclinée sur sa poitrine, René, n'y a-t-il pas une terrible histoire d'un médecin de Pérouse qui, du même coup, à l'aide d'une pommade, a empoisonné sa fille et l'amant de sa fille ?

— Oui, Madame.

— Et cet amant, c'était ?... continua Catherine toujours pensive.

— C'était le roi Ladislas, Madame.

— Ah! oui, c'est vrai! murmura-t-elle. Avez-vous quelques détails sur cette histoire?

— Je possède un vieux livre qui en traite, répondit René.

— Eh bien, passons dans l'autre chambre, vous me le prêterez.

Tous deux quittèrent alors la cellule, dont René ferma la porte derrière lui.

— Votre Majesté me donne-t-elle d'autres ordres pour de nouveaux sacrifices? demanda le Florentin.

— Non, René, non! je suis pour le moment suffisamment convaincue. Nous attendrons que nous puissions nous procurer la tête de quelque condamné, et le jour de l'exécution tu en traiteras avec le bourreau.

René s'inclina en signe d'assentiment, puis il s'approcha, sa bougie à la main, des rayons où étaient rangés les livres, monta sur une chaise, en prit un et le donna à la reine.

Catherine l'ouvrit.

— Qu'est-ce que cela ? dit-elle.

« De la manière d'élever et de nourrir les tiercelets, les faucons et les gerfauts pour qu'ils soient braves, vaillants et toujours prêts au vol. »

—Ah ! pardon, Madame, je me trompe ! Ceci est un traité de vénerie fait par un savant Lucquois pour le fameux Castruccio Castracani. Il était placé à côté de l'autre, relié de la même façon. Je me suis trompé. C'est d'ailleurs un livre très précieux; il n'en existe que trois exemplaires au monde : un qui appartient à la bibliothèque de Venise, l'autre qui avait été acheté par votre aïeul Laurent et qui a été offert par Pierre de Médicis au roi Charles VIII lors de son passage à Florence, et le troisième que voici.

— Je le vénère, dit Catherine, à cause de sa rareté ; mais, n'en ayant pas besoin, je vous le rends.

Et elle tendit la main droite vers René pour recevoir l'autre, tandis que de la main gauche elle lui rendit celui qu'elle avait reçu.

Cette fois René ne s'était point trompé, c'était bien le livre qu'elle désirait. René descendit, le feuilleta un instant et le lui rendit tout ouvert.

Catherine alla s'asseoir à une table, René posa près d'elle la bougie magique, et à la lueur de cette flamme bleuâtre elle lut quelques lignes à demi-voix.

— Bien, dit-elle en refermant le livre. Voilà tout ce que je voulais savoir.

Elle se leva laissant le livre sur la table et emportant seulement au fond de son esprit la pensée qui y avait germé et qui devait y mûrir.

René attendit respectueusement, la bougie à la main, que la reine, qui paraissait prête à se retirer, lui donnât de nouveaux ordres ou lui adressât de nouvelles questions.

Catherine fit plusieurs pas la tête inclinée, le doigt sur la bouche et en gardant le silence.

Puis s'arrêtant tout à coup devant René et relevant sur lui son œil rond et fixe comme celui d'un oiseau de proie :

— Avoue-moi que tu as fait pour elle quelque philtre, dit-elle.

— Pour qui ? demanda René en tressaillant.

— Pour la Sauve.

— Moi, madame, dit René, jamais !

— Jamais ?

— Sur mon âme, je vous le jure.

— Il y a cependant de la magie, car il l'aime comme un fou, lui qui n'est pas renommé par sa constance.

— Qui lui, Madame ?

— Lui, Henri le maudit. Celui qui succédera à nos trois fils, celui qu'on appellera un jour Henri IV, et qui cependant est le fils de Jeanne d'Albret.

Et Catherine accompagna ces derniers mots d'un soupir qui fit frissonner René, car il lui rappelait les fameux gants que, par ordre de Catherine, il avait préparés pour la reine de Navarre.

— Il y va donc toujours ? demanda René.

— Toujours, dit Catherine.

— J'avais cru cependant que le roi de Navarre était revenu tout entier à sa femme.

— Comédie, René, comédie. Je ne sais dans quel but, mais tout se réunit pour me tromper. Ma fille elle-même, Marguerite se déclare contre moi ; peut-être, elle aussi, espère-t-elle la mort de ses frères, peut-être espère-t-elle être reine de France.

— Oui, peut-être ! dit René, rejeté dans sa rêverie et se faisant l'écho du doute terrible de Catherine.

— Enfin, dit Catherine, nous verrons, et elle s'achemina vers la porte du fond, jugeant sans doute inutile de descendre par l'escalier secret, puisqu'elle était sûre d'être seule.

René la précéda, et, quelques instants après,

tous deux se trouvèrent dans la boutique du parfumeur.

— Tu m'avais promis de nouveaux cosmétiques pour mes mains et pour mes lèvres, René, dit-elle ; voici l'hiver, et tu sais que j'ai la peau fort sensible au froid.

— Je m'en suis déjà occupé, Madame, et je vous les porterai demain.

— Demain soir tu ne me trouverais pas avant neuf ou dix heures. Pendant la journée je fais mes dévotions.

— Bien, Madame, je serai au Louvre à neuf heures.

— Madame de Sauve a de belles mains et de belles lèvres, dit d'un ton indifférent Catherine ; et de quelle pâte se sert-elle ?

— Pour ses mains ?

— Oui, pour ses mains d'abord.

— De pâte à l'héliotrope.

— Et pour ses lèvres ?

— Pour ses lèvres, elle va se servir du nouvel opiat que j'ai inventé et dont je comptais porter demain une boîte à Votre Majesté en même temps qu'à elle.

Catherine resta un instant pensive.

— Au reste, elle est belle, cette créature, dit-elle, répondant toujours à sa secrète pensée, et il n'y a rien d'étonnant à cette passion du Béarnais.

— Et surtout dévouée à Votre Majesté, dit René ; à ce que je crois, du moins.

Catherine sourit et haussa les épaules.

— Lorsqu'une femme aime, dit-elle, est-ce qu'elle est jamais dévouée à un autre qu'à son amant ! Tu lui as fait quelque philtre, René !

— Je vous jure que non, Madame.

— C'est bien ! n'en parlons plus. Montre-moi donc cet opiat nouveau dont tu me parlais, et qui doit lui faire les lèvres plus fraîches et plus roses encore.

René s'approcha d'un rayon et montra à Catherine six petites boîtes d'argent de la même forme, c'est-à-dire rondes, rangées les unes à côté des autres.

— Voilà le seul philtre qu'elle m'ait demandé, dit René; il est vrai, comme le dit

Votre Majesté, que je l'ai composé exprès pour elle, car elle a les lèvres si fines et si tendres, que le soleil et le vent les gercent également.

Catherine ouvrit une de ces boîtes, elle contenait une pâte du carmin le plus séduisant.

— René, dit-elle, donne-moi de la pâte pour mes mains ; j'en manque, j'en emporterai avec moi.

René s'éloigna avec la bougie et s'en alla chercher dans un compartiment particulier ce que lui demandait la reine. Cependant il ne se retourna pas si vite, qu'il ne crût voir que Catherine, par un brusque mouvement, venait de prendre une boite et de la cacher sous sa mante. Il était trop familiarisé avec ces soustractions de la reine-mère, pour avoir la maladresse de paraître s'en apercevoir. Aussi, prenant la pâte demandée enfermée dans un sac de papier fleurdelisé :

— Voici, Madame, dit-il.

— Merci, René! reprit Catherine. Puis, après un moment de silence : — Ne porte cet opiat à madame de Sauve que dans huit ou dix jours, je veux être la première à en faire l'essai.

Et elle s'apprêta à sortir.

— Votre Majesté veut-elle que je la reconduise? dit René.

— Jusqu'au bout du pont seulement, répondit Catherine, mes gentilshommes m'attendent là avec ma litière.

Tous deux sortirent et gagnèrent le coin

de la rue de La Barillerie, où quatre gentils-hommes à cheval et une litière sans armoiries attendaient Catherine.

En rentrant chez lui, le premier soin de René fut de compter ses boîtes d'opiat.

Il en manquait une.

III

L'appartement de Madame de Sauve.

Catherine ne s'était pas trompée dans ses soupçons. Henri avait repris ses habitudes et chaque soir il se rendait chez madame de Sauve. D'abord, il avait exécuté cette excursion avec le plus grand secret, puis, peu à peu, il s'était relâché de sa défiance, avait négligé les précautions, de sorte que Catherine n'avait pas eu de peine à s'assurer que la reine de Navarre continuait d'être de nom Marguerite, de fait madame de Sauve.

Nous avons dit deux mots, au commencement de cette histoire, de l'appartement de madame de Sauve; mais la porte ouverte par Dariole au roi de Navarre s'est hermétiquement refermée sur lui, de sorte que cet appartement, théâtre des mystérieuses amours du Béarnais, nous est complètement inconnu.

Ce logement, du genre de ceux que les princes fournissent à leurs commensaux dans les palais qu'ils habitent, afin de les avoir à leur portée, était plus petit et moins commode que n'eût certainement été un logement situé par la ville. Il était, comme on le sait déjà, placé au second, à peu près au-dessus de celui de Henri, et la porte s'en ouvrait sur un corridor dont l'extrémité était éclairée par une fenêtre ogivale à petits carreaux enchâssés de plomb, laquelle, même dans les plus beaux jours de l'année, ne laissait pénétrer qu'une lumière douteuse. Pendant l'hiver, dès trois heures de l'après-midi, on était obligé d'y allumer une lampe, qui, ne contenant, été comme hiver, que la même quantité d'huile, s'éteignait alors vers les dix heures du soir, et donnait ainsi, depuis que les jours d'hiver étaient arrivés, une plus grande sécurité aux deux amants.

Une petite antichambre tapissée de damas de soie à larges fleurs jaunes, une chambre de réception tendue de velours bleu, une chambre à coucher, dont le lit à colonnes torses et à rideaux de satin cerise enchâssait une ruelle ornée d'un miroir garni d'argent et de deux tableaux tirés des amours de Vénus et d'Adonis ; tel était le logement, aujourd'hui l'on dirait le nid, de la charmante fille d'atour de la reine Catherine de Médicis.

En cherchant bien, on eût encore, en face d'une toilette garnie de tous ses accessoires, trouvé, dans un coin sombre de cette chambre, une petite porte ouvrant sur une espèce d'oratoire, où, exhaussé sur deux gradins, s'élevait un prie-Dieu. Dans cet oratoire, étaient pendues à la muraille, et comme pour servir de correctif aux deux tableaux mythologiques dont nous avons parlé, trois ou quatre peintures du spiritualisme le plus exalté. Entre ces peintures étaient suspendues, à des clous dorés, des armes de femme; car, à cette époque de mystérieuses intrigues, les femmes portaient des armes comme les hommes et, parfois, s'en servaient aussi habilement qu'eux.

Ce soir là, qui était le lendemain du jour où s'étaient passées chez maître René les scènes que nous avons racontées, madame de Sauve, assise dans sa chambre à coucher sur un lit de repos, racontait à Henri ses craintes et son amour, et lui donnait comme preuve de ces craintes et de cet amour, le dévouement qu'elle avait montré dans la fameuse nuit qui avait suivi celle de la Saint-Barthélemy, nuit que Henri, on se le rappelle, avait passée chez sa femme.

Henri, de son côté, lui exprimait sa reconnaissance. Madame de Sauve était charmanté ce soir-là dans son simple peignoir de batiste, et Henri était très reconnaissant.

Au milieu de tout cela, comme Henri était réellement amoureux, il était rêveur. De son côté, madame de Sauve, qui avait fini par adopter de tout son cœur cet amour commandé par Catherine, regardait beaucoup Henri, pour voir si les yeux étaient d'accord avec les paroles.

— Voyons, Henri, disait madame de Sauve; soyez franc : pendant cette nuit passée dans le cabinet de Sa Majesté la reine de Navarre, avec M. de La Mole à vos pieds, n'avez-vous pas regretté que ce digne gentilhomme se trouvât entre vous et la chambre à coucher de la reine ?

— Oui, en vérité, ma mie, dit Henri, car il

me fallait absolument passer par cette chambre pour aller à celle où je me trouve si bien, et où je suis si heureux en ce moment.

Madame de Sauve sourit.

— Et vous n'y êtes pas rentré depuis ?

— Que les fois que je vous ai dites.

— Vous n'y rentrerez jamais sans me le dire ?

— Jamais.

— En jureriez-vous ?

— Oui, certainement, si j'étais encore huguenot, mais...

— Mais, quoi ?

— Mais la religion catholique, dont j'apprends les dogmes en ce moment, m'a appris qu'on ne doit jamais jurer.

— Gascon! dit madame de Sauve en secouant la tête.

— Mais à votre tour, Charlotte, dit Henri, si je vous interrogeais, répondriez-vous à mes questions ?

— Sans doute répondit la jeune femme. Moi je n'ai rien à vous cacher.

— Voyons, Charlotte, dit le roi, expliquez-moi une bonne fois comment il se fait qu'après cette résistance désespérée qui a précédé mon mariage vous soyez devenue moins cruelle pour moi qui suis un gauche Béarnais, un provincial ridicule, un prince trop pauvre, enfin, pour entretenir brillants les joyaux de sa couronne?

—Henri, dit Charlotte, vous me demandez le mot de l'énigme que cherchent depuis trois mille ans les philosophes de tous les pays ! Henri, ne demandez jamais à une femme pourquoi elle vous aime ; contentez-vous de lui demander : M'aimez-vous ?

— M'aimez-vous, Charlotte ; demanda Henri.

— Je vous aime, répondit madame de Sauve avec un charmant sourire et en laissant tomber sa belle main dans celle de son amant.

Henri retint cette main.

— Mais, reprit-il poursuivant sa pensée, si

je l'avais deviné, ce mot, que les philosophes cherchent en vain depuis trois mille ans, du moins relativement à vous, Charlotte !

Madame de Sauve rougit.

— Vous m'aimez, continua Henri ; par conséquent je n'ai pas autre chose à vous demander, et me tiens pour le plus heureux homme du monde. Mais, vous le savez, au bonheur il manque toujours quelque chose. Adam, au milieu du paradis, ne s'est pas trouvé complètement heureux, et il a mordu à cette misérable pomme qui nous a donné à tous ce besoin de curiosité qui fait que chacun passe sa vie à la recherche d'un inconnu quelconque. Dites-moi, ma mie, pour m'aider à trouver le mien, n'est-ce point la reine Catherine qui vous a dit d'abord de m'aimer ?

— Henri, dit madame de Sauve, parlez bas quand vous parlez de la reine-mère.

— Oh! dit Henri avec un abandon et une confiance à laquelle madame de Sauve fut trompée elle-même, c'était bon autrefois de me défier d'elle, cette bonne mère, quand nous étions mal ensemble; mais maintenant que je suis le mari de sa fille...

— Le mari de madame Marguerite! dit Charlotte en rougissant de jalousie.

— Parlez bas à votre tour, dit Henri. Maintenant que je suis le mari de sa fille, nous sommes les meilleurs amis du monde. Que voulait-on? que je me fisse catholique, à ce qu'il paraît. Eh bien! la grâce m'a touché; et, par l'intercession de saint Barthélemy, je le suis devenu. Nous vivons maintenant en famille comme de bons frères, comme de bons chrétiens.

— Et la reine Marguerite ?

— La reine Marguerite, dit Henri, eh bien! elle est le lien qui nous unit tous.

— Mais vous m'avez dit, Henri, que la reine de Navarre, eu récompense de ce que j'avais été dévouée pour elle, avait été généreuse pour moi. Si vous m'avez dit vrai, si cette générosité, pour laquelle je lui ai voué une si grande reconnaissance, est réelle, elle n'est qu'un lien de convention facile à briser. Vous ne pouvez donc vous reposer sur cet appui, car vous n'en avez imposé à personne avec cette prétendue intimité.

— Je m'y repose cependant, et c'est depuis trois mois l'oreiller sur lequel je dors.

— Alors, Henri, s'écria madame de Sauve, c'est que vous m'avez trompée, c'est que véritablement madame Marguerite est votre femme.

Henri sourit.

— Tenez, Henri ! dit madame de Sauve, voilà de ces sourires qui m'exaspèrent, et qui font que, tout roi que vous êtes, il me prend parfois de cruelles envies de vous arracher les yeux.

— Alors, dit Henri, j'arrive donc à en imposer sur cette prétendue intimité, puisqu'il y a des moments où, tout roi que je suis, vous voulez m'arracher les yeux, parce que vous croyez qu'elle existe !

— Henri, Henri, dit madame de Sauve, je crois que Dieu lui-même ne sait pas ce que vous pensez.

— Je pense, ma mie, dit Henri, que Catherine vous a dit d'abord de m'aimer, que votre cœur vous l'a dit ensuite, et que quand ces deux voix vous parlent, vous n'entendez que celle de votre cœur. Maintenant, moi aussi, je vous aime, et de toute mon âme, et même c'est pour cela que lorsque j'aurais des secrets, je ne vous les confierais pas, de peur de vous compromettre, bien entendu.... car l'amitié de la reine est changeante, c'est celle d'une belle-mère.

Ce n'était point là le compte de Charlotte ;

il lui semblait que ce voile qui s'épaississait entre elle et son amant toutes les fois qu'elle voulait sonder les abîmes de ce cœur sans fond, prenait la consistance d'un mur et les séparait l'un de l'autre. Elle sentit donc les larmes envahir ses yeux à cette réponse, et comme en ce moment dix heures sonnèrent :

— Sire, dit Charlotte, voici l'heure de me reposer, mon service m'appelle de très-bon matin demain chez la reine-mère.

— Vous me chassez donc ce soir, ma mie? dit Henri.

— Henri, je suis triste. Étant triste, vous me trouveriez maussade, et, me trouvant maussade, vous ne m'aimeriez plus. Vous voyez bien qu'il vaut mieux que vous vous retiriez.

— Soit! dit Henri, je me retirerai si vous l'exigez, Charlotte; seulement, ventre saint-gris! vous m'accorderez bien la faveur d'assister à votre toilette!

— Mais la reine Marguerite, Sire, ne la ferez-vous pas attendre en y assistant?

— Charlotte, répliqua Henri sérieux, il avait été convenu entre nous que nous ne parlerions jamais de la reine de Navarre, et ce soir, ce me semble, nous n'avons parlé que d'elle.

Madame de Sauve soupira, et elle alla s'asseoir devant sa toilette. Henri prit une chaise, la traîna jusqu'à celle qui servait de siége à sa maîtresse, et, mettant un genou dessus en s'appuyant au dossier :

— Allons, dit-il, ma bonne petite Charlotte, que je vous voie vous faire belle, et belle pour moi, quoi que vous en disiez. Mon Dieu! que de choses, que de pots de parfums, que de sacs de poudre, que de fioles, que de cassolettes!

— Cela paraît beaucoup, dit Charlotte en soupirant, et cependant c'est trop peu, puisque je n'ai pas encore avec tout cela trouvé le moyen de régner seule sur le cœur de votre Majesté.

— Allons! dit Henri, ne retombons pas dans la politique. Qu'est-ce que ce petit pinceau si fin, si délicat? Ne serait-ce pas pour peindre les sourcils de mon Jupiter Olympien?

— Oui, Sire, répondit madame de Sauve

en souriant, et vous avez deviné du premier coup.

— Et ce joli petit râteau d'ivoire ?

— C'est pour tracer la ligne des cheveux.

— Et cette charmante petite boîte d'argent au couvercle ciselé ?

— Oh ! cela, c'est un envoi de René, Sire, c'est le fameux opiat qu'il me promet depuis si longtemps pour adoucir encore ces lèvres que Votre Majesté a la bonté de trouver quelquefois assez douces.

Et Henri, comme pour approuver ce que venait de dire la charmante femme dont le front s'éclaircissait à mesure qu'on la remettait sur le terrain de la coquetterie, appuya ses lèvres sur celles que la comtesse regardait avec attention dans son miroir.

Charlotte porta la main à la boîte qui venait d'être l'objet de l'explication ci-dessus, sans doute pour montrer à Henri de quelle façon s'employait la pâte vermeille, lorsqu'un coup sec frappé à la porte de l'antichambre fit tressaillir les deux amants.

— On frappe, Madame, dit Dariole en passant la tête par l'ouverture de la portière.

— Va t'informer qui frappe et reviens, dit madame de Sauve. Henri et Charlotte se regardèrent avec inquiétude, et Henri songeait à se retirer dans l'oratoire où déjà plus d'une fois il avait trouvé un refuge, lorsque Dariole reparut.

— Madame, dit-elle, c'est maître René le parfumeur.

A ce nom, Henri fronça le sourcil et se pinça involontairement les lèvres.

— Voulez-vous que je lui refuse la porte ? dit Charlotte.

— Non pas! dit Henri, maître René ne fait rien sans avoir auparavant songé à ce qu'il fait ; s'il vient chez vous, c'est qu'il a des raisons d'y venir.

— Voulez-vous vous cacher alors ?

— Je m'en garderai bien, dit Henri, car maître René sait tout, et maître René sait que je suis ici.

— Mais Votre Majesté n'a-t-elle pas quelque raison pour que sa présence lui soit douloureuse ?

— Moi ! dit Henri en faisant un effort que, malgré sa puissance sur lui-même, il ne put tout à fait dissimuler, moi ! aucune ! nous étions en froid, c'est vrai; mais, depuis le soir de la Saint-Barthélemy, nous nous sommes raccommodés.

— Faites entrer ! dit madame de Sauve à Dariole.

Un instant après, René parut et jeta un regard qui embrassa toute la chambre.

Madame de Sauve était toujours devant sa toilette.

Henri avait repris sa place sur le lit de repos.

Charlotte était dans la lumière et Henri dans l'ombre.

— Madame, dit René avec une respectueuse familiarité, je viens vous faire mes excuses.

— Et de quoi donc, René? demanda madame de Sauve avec cette condescendance que les jolies femmes ont toujours pour ce monde de fournisseurs qui les entoure et qui tend à les rendre plus jolies.

— De ce que depuis si longtemps j'avais promis de travailler pour ces jolies lèvres et de ce que...

— De ce que vous n'avez tenu votre promesse qu'aujourd'hui, n'est-ce pas? dit Charlotte.

— Qu'aujourd'hui ! répéta René.

— Oui, c'est aujourd'hui seulement et même ce soir que j'ai reçu cette boîte que vous m'avez envoyée.

— Ah ! en effet, dit René en regardant avec une expression étrange la petite boîte d'opiat qui se trouvait sur la table de madame de Sauve et qui était de tout point pareille à celle qu'il avait dans son magasin.

— J'avais deviné ! murmura-t-il ; et vous en êtes-vous servie ?

— Non, pas encore, et j'allais l'essayer quand vous êtes entré.

La figure de René prit une expression rêveuse qui n'échappa point à Henri, auquel, d'ailleurs, bien peu de choses échappaient.

— Eh bien, René ! qu'avez-vous donc ? demanda le roi.

— Moi ! rien, Sire, dit le parfumeur, j'attends humblement que Votre Majesté m'adresse la parole avant de prendre congé de madame la baronne.

— Allons donc, dit Henri en souriant. Avez-vous besoin de mes paroles pour savoir que je vous vois avec plaisir ?

René regarda autour de lui, fit le tour de la chambre comme pour sonder de l'œil et de l'oreille les portes et les tapisseries, et s'arrêtant de nouveau et se plaçant de manière à embrasser du même regard madame de Sauve et Henri :

— Je ne le sais pas, dit-il.

Henri averti, grâce à cet instinct admirable qui, pareil à un sixième sens, le guida pendant toute la première partie de sa vie au milieu des dangers qui l'entouraient, qu'il se passait en ce moment quelque chose d'étrange et qui ressemblait à une lutte dans l'esprit du parfumeur, se tourna vers lui, et tout en restant dans l'ombre, tandis que le visage du Florentin se trouvait dans la lumière :

— Vous à cette heure ici, René? lui dit-il.

— Aurais-je le malheur de gêner Votre Majesté? répondit le parfumeur en faisant un pas en arrière.

— Non pas. Seulement je désire savoir une chose.

— Laquelle, Sire?

— Pensiez-vous me trouver ici?

— J'en étais sûr.

— Vous me cherchiez donc?

— Je suis heureux de vous rencontrer, du moins.

— Vous avez quelque chose à me dire, insista Henri.

— Peut-être, Sire! répondit René.

Charlotte rougit, car elle tremblait que cette révélation, que semblait vouloir faire le parfumeur, ne fût relative à sa conduite passée envers Henri; elle fit donc comme si toute aux soins de sa toilette elle n'eût rien entendu, et interrompant la conversation:

— Ah! en vérité, René, s'écria-t-elle en ouvrant la boîte d'opiat, vous êtes un homme charmant; cette pâte est d'une couleur merveilleuse; et, puisque vous voilà, je vais, pour vous faire honneur, expérimenter devant vous votre nouvelle production.

Et elle prit la boîte d'une main, tandis que de l'autre elle effleurait du bout du doigt la pâte rosée qui devait passer du doigt à ses lèvres.

René tressaillit.

La baronne approcha en souriant l'opiat de sa bouche.

René pâlit.

Henri, toujours dans l'ombre, mais les yeux fixes et ardents, ne perdait ni un mouvement de l'une, ni un frisson de l'autre.

La main de Charlotte n'avait plus que quelques lignes à parcourir pour toucher ses lèvres, lorsque René lui saisit le bras, au moment même où Henri se levait pour en faire autant.

Henri retomba sans bruit sur son lit de repos.

— Un moment, Madame, dit René, avec un sourire contraint. Mais il ne faudrait pas employer cet opiat sans quelques recommandations particulières.

— Et qui me les donnera, ces recommandations ?

— Moi.

— Quand cela ?

— Aussitôt que je vais avoir terminé ce

que j'ai à dire à Sa Majesté le roi de Navarre.

Charlotte ouvrit de grands yeux, ne comprenant rien à cette espèce de langue mystérieuse qui se parlait auprès d'elle, et elle resta tenant le pot d'opiat d'une main, et regardant l'extrémité de son doigt rougie par la pâte carminée.

Henri se leva, et mû par une pensée qui, comme toutes celles du jeune roi, avait deux côtés, l'un qui paraissait superficiel et l'autre qui était profond, il alla prendre la main de Charlotte, et fit, toute rougie qu'elle était, un mouvement pour la porter à ses lèvres.

— Un instant, dit vivement René, un instant! veuillez, Madame, laver vos belles mains avec ce savon de Naples que j'avais oublié de vous envoyer en même temps que l'opiat, et que j'ai eu l'honneur de vous apporter moi-même.

Et tirant de son enveloppe d'argent une tablette de savon de couleur verdâtre, il la mit dans un bassin de vermeil, y versa de l'eau, et, un genou en terre, présenta le tout à madame de Sauve.

— Mais, en vérité, maître René, je ne vous reconnais plus, dit Henri; vous êtes d'une galanterie à laisser loin de vous tous les muguets de la cour.

— Oh! quel délicieux arôme! s'écria Charlotte en frottant ses belles mains avec de la mousse nacrée qui se dégageait de la tablette embaumée.

René accomplit ses fonctions de cavalier servant jusqu'au bout : il présenta une serviette de fine toile de Frise à madame de Sauve, qui essuya ses mains.

— Et maintenant, dit le Florentin à Henri, faites à votre plaisir, monseigneur.

Charlotte présenta sa main à Henri, qui la baisa, et, tandis que Charlotte se tournait à demi sur son siége pour écouter ce que René allait dire, le roi de Navarre alla reprendre sa place plus convaincu que jamais qu'il se passait dans l'esprit du parfumeur quelque chose d'extraordinaire.

— Eh bien? demanda Charlotte.

Le Florentin parut rassembler toute sa résolution et se tourna vers Henri.

IV

Sire, vous serez roi.

— Sire, dit René à Henri, je viens vous parler d'une chose dont je m'occupe depuis longtemps.

— De parfums? dit Henri en souriant.

— Hé bien, oui, Sire... de parfums! répondit René avec un singulier signe d'acquiescement.

— Parlez, je vous écoute, c'est un sujet qui de tout temps m'a fort intéressé.

René regarda Henri pour essayer de lire, malgré ses paroles, dans cette impénétrable pensée; mais voyant que c'était chose parfaitement inutile, il continua:

— Un de mes amis, Sire, arrive de Florence; cet ami s'occupe beaucoup d'astrologie.

— Oui, interrompit Henri, je sais que c'est une passion florentine.

— Il a, en compagnie des premiers savants du monde, tiré les horoscopes des principaux gentilshommes de l'Europe.

— Ah, ah! fit Henri.

— Et comme la maison de Bourbon est en

tête des plus hautes, descendant comme elle le fait du comte de Clermont, cinquième fils de saint Louis, Votre Majesté doit penser que le sien n'a pas été oublié.

Henri écouta plus attentivement encore.

— Et vous vous souvenez de cet horoscope? dit le roi de Navarre avec un sourire qu'il essaya de rendre indifférent.

— Oh! reprit René en secouant la tête, votre horoscope n'est pas de ceux qu'on oublie.

— En vérité! dit Henri avec un geste ironique.

— Oui, Sire, Votre Majeste, selon les termes de cet horoscope, est appelée aux plus brillantes destinées.

L'œil du jeune prince lança un éclair involontaire qui s'éteignit presque aussitôt dans un nuage d'indifférence.

— Tous ces oracles italiens sont flatteurs, dit Henri ; or, qui dit flatteur dit menteur. N'y en a-t-il pas qui m'ont prédit que je commanderais des armées, moi !

Et il éclata de rire. Mais un observateur moins occupé de lui-même que ne l'était René eût vu et reconnu l'effort de ce rire.

— Sire, dit froidement René, l'horoscope annonce mieux que cela.

— Annonce-t-il qu'à la tête d'une de ces armées je gagnerai des batailles ?

— Mieux que cela, Sire.

— Allons, dit Henri, vous verrez que je serai conquérant.

— Sire, vous serez roi.

— Eh! ventre-saint-gris! dit Henri en réprimant un violent battement de cœur, ne le suis-je point déjà?

— Sire, mon ami sait ce qu'il promet; non-seulement vous serez roi, mais vous régnerez.

— Alors, dit Henri avec son même ton railleur, votre ami a besoin de dix écus d'or, n'est-ce pas, René? car une pareille prophétie est bien ambitieuse, par le temps qui court surtout; allons, René, comme je ne suis pas riche, j'en donnerai à votre ami cinq tout de suite, et cinq autres quand la prophétie sera réalisée.

—Sire, dit madame de Sauve, n'oubliez pas que vous êtes déjà engagé avec Dariole, et ne vous surchargez pas de promesses.

— Madame, dit Henri, ce moment venu, j'espère que l'on me traitera en roi, et que chacun sera fort satisfait si je tiens la moitié de ce que j'ai promis.

— Sire, reprit René, je continue...

— Oh! ce n'est donc pas tout, dit Henri; soit : si je suis empereur, je donne le double.

— Sire, mon ami revint donc de Florence avec cet horoscope, qu'il renouvela à Paris, et qui donna toujours le même résultat, et il me confia un secret.

— Un secret qui intéresse Sa Majesté? demanda vivement Charlotte.

— Je le crois, dit le Florentin.

Il cherche ses mots, pensa Henri sans aider en rien René ; il paraît que la chose est difficile à dire.

— Alors, parlez, reprit la baronne de Sauve, de quoi s'agit-il?

— Il s'agit, dit le Florentin en pesant une à une toutes ses paroles, il s'agit de tous ces bruits d'empoisonnement qui ont couru depuis quelque temps à la cour.

Un léger gonflement de narines du roi de Navarre fut le seul indice de son attention croissante à ce détour subit que faisait la conversation.

— Et votre ami le Florentin, dit Henri, sait des nouvelles de ces empoisonnements ?

— Oui, Sire.

— Comment me confiez-vous un secret qui n'est pas le vôtre, René, surtout quand ce secret est si important? dit Henri du ton le plus naturel qu'il put prendre.

— Cet ami a un conseil à demander à Votre Majesté.

— A moi?

— Qu'y a-t-il d'étonnant à cela, Sire? rappelez-vous le vieux soldat d'Actium, qui, ayant un procès, demandait un conseil à Auguste.

— Auguste était avocat, René, et je ne le suis pas.

— Sire, quand mon ami me confia ce secret, Votre Majesté appartenait encore au parti calviniste, dont vous étiez le premier chef, et M. de Condé le second.

— Après ? dit Henri.

— Cet ami espérait que vous useriez de votre influence toute-puissante sur M. le prince de Condé pour le prier de ne pas lui être hostile.

— Expliquez-moi cela, René, si vous voulez que je le comprenne, dit Henri sans manifester la moindre altération dans ses traits ni dans sa voix.

— Sire, Votre Majesté comprendra au premier mot : cet ami sait toutes les particularités de la tentative d'empoisonnement essayée sur monseigneur le prince de Condé.

— On a essayé d'empoisonner le prince de Condé ! demanda Henri avec un étonnement parfaitement joué ; ah ! vraiment, et quand cela ?

René regarda fixement le roi et répondit ces seuls mots :

— Il y a huit jours, Majesté.

— Quelque ennemi ? demanda le roi.

— Oui, répondit René, un ennemi que Votre Majesté connaît, et qui connaît Votre Majesté.

— En effet, dit Henri, je crois avoir entendu parler de cela ; mais j'ignore les détails que votre ami veut me révéler, dites-vous.

—Eh bien ! une pomme de senteur fut offerte au prince de Condé ; mais, par bonheur, son médecin se trouva chez lui quand on l'apporta. Il la prit des mains du messager et la flaira pour en essayer l'odeur et la vertu. Deux jours après, une enflure gangréneuse du visage, une extravasation du sang, une plaie vive qui lui dévora la face furent le prix de son dévoûment ou le résultat de son imprudence.

— Malheureusement, répondit Henri, étant déjà à moitié catholique, j'ai perdu toute influence sur M. de Condé; votre ami aurait donc tort de s'adresser à moi.

— Ce n'était pas seulement près du prince de Condé que Votre Majesté pouvait, par son influence, être utile à mon ami, mais encore près du prince de Porcian, frère de celui qui a été empoisonné.

— Ah çà! dit Charlotte, savez-vous, René, que vos histoires sentent le trembleur! Vous sollicitez mal à propos. Il est tard, votre conversation est mortuaire. En vérité, vos parfums valent mieux.

Et Charlotte étendit de nouveau la main sur la boîte d'opiat.

— Madame, dit René, avant de l'essayer comme vous allez le faire, écoutez ce que les méchants en peuvent tirer de cruels effets.

— Décidément, René, dit la baronne, vous êtes funèbre ce soir.

Henri fronça le sourcil, mais il comprit que René voulait en venir à un but qu'il n'entrevoyait pas encore, et il résolut de pousser jusqu'au bout cette conversation, qui éveillait en lui de si douloureux souvenirs.

— Et, reprit-il, vous connaissez aussi les détails de l'empoisonnement du prince de Porcian ?

— Oui, dit-il. On savait qu'il laissait brûler chaque nuit une lampe près de son lit ; on empoisonna l'huile et il fut asphyxié par l'odeur.

Henri crispa l'un sur l'autre ses doigts humides de sueur.

— Ainsi donc, murmura-t-il, celui que vous nommez votre ami sait non-seulement les détails de cet empoisonnement, mais il en connaît l'auteur ?

— Oui, et c'est pour cela qu'il eût voulu savoir de vous si vous auriez sur le prince de Porcian qui reste cette influence de lui faire pardonner au meurtrier la mort de son frère.

— Malheureusement, répondit Henri, étant encore à moitié huguenot, je n'ai aucune influence sur M. le prince de Porcian; votre ami aurait donc tort de s'adresser à moi.

— Mais que pensez-vous des dispositions de M. le prince de Condé et de M. de Porcian?

— Comment connaîtrais-je leurs dispositions, René! Dieu, que je sache, ne m'a point donné le privilège de lire dans les cœurs.

— Votre Majesté peut s'interroger elle-même, dit le Florentin avec calme. N'y a-t-il pas dans la vie de Votre Majesté quelque évènement si sombre qu'il puisse servir d'épreuve à la clémence, si douloureux qu'il soit une pierre de touche pour la générosité?

Ces mots furent prononcés avec un accent qui fit frissonner Charlotte elle-même : c'était une allusion tellement directe, tellement sensible, que la jeune femme se détourna pour cacher sa rougeur et pour éviter de rencontrer le regard de Henri.

Henri fit un suprême effort sur lui-même ; il désarma son front, qui, pendant les paroles du Florentin, s'était chargé de menaces, et changeant la noble douleur filiale qui lui étreignait le cœur en vague méditation :

— Dans ma vie, dit-il, un évènement sombre.... non, René, non ; je ne me rappelle de ma jeunesse que la folie et l'insouciance mêlées aux nécessités plus ou moins cruelles qu'imposent à tous les besoins de la nature et les épreuves de Dieu.

René se contraignit à son tour en promenant son attention de Henri à Charlotte, comme pour exciter l'un et retenir l'autre ; car Charlotte, en effet, se remettant à sa toilette pour cacher la gêne que lui inspirait cette conversation, venait de nouveau d'étendre la main vers la boîte d'opiat.

— Mais enfin, Sire, si vous étiez le frère du prince de Porcian, ou le fils du prince de Condé, et qu'on eût empoisonné votre frère ou assassiné votre père....

Charlotte poussa un léger cri et approcha de nouveau l'opiat de ses lèvres. René vit le mouvement ; mais, cette fois, il ne l'arrêta ni de la parole ni du geste, seulement il s'écria :

— Au nom du ciel, répondez, Sire : Sire, si vous étiez à leur place, que feriez vous ?

— Henri se recueillit, essuya de sa main tremblante son front où perlaient quelques gouttes de sueur froide, et, se levant de toute sa hauteur, il répondit, au milieu du silence qui suspendait jusqu'à la respiration de René et de Charlotte :

— Si j'étais à leur place et que je fusse sûr d'être roi, c'est-à-dire de représenter Dieu sur la terre, je ferais comme Dieu, je pardonnerais.

— Madame, s'écria René en arrachant l'opiat des mains de madame de Sauve, —

Madame, rendez-moi cette boîte; — mon garçon, je le vois, s'est trompé en vous l'apportant : demain je vous en enverrai une autre.

Un nouveau converti.

Le lendemain, il devait y avoir chasse à courre dans la forêt de Saint-Germain.

Henri avait ordonné qu'on lui tînt prêt, pour huit heures du matin, c'est-à-dire tout sellé et tout bridé, un petit cheval du Béarn, qu'il comptait donner à madame de Sauve, mais qu'auparavant il désirait essayer. A huit heures moins un quart, le cheval était appareillé; A huit heures sonnant, Henri descendait.

Le cheval, fier et ardent, malgré sa petite taille, dressait les crins et piaffait dans la cour. Il avait fait froid, et un léger verglas couvrait la terre.

Henri s'apprêta à traverser la cour pour gagner le côté des écuries où l'attendaient le cheval et le paléfrenier, lorsqu'en passant devant un soldat suisse, en sentinelle à la porte, ce soldat lui présenta les armes en disant :

— Dieu garde Sa Majesté le roi de Navarre !

A ce souhait, et surtout à l'accent de la voix qui venait de l'émettre, le Béarnais tressaillit.

Il se retourna et fit un pas en arrière.

— De Mouy ! murmura-t-il.

— Oui, Sire, de Mouy.

— Que venez-vous faire ici ?

— Je vous cherche.

— Que me voulez-vous ?

— Il faut que je parle à Votre Majesté.

— Malheureux, dit le roi en se rapprochant de lui, ne sais-tu pas que tu risques ta tête ?

— Je le sais.

— Eh bien ?

— Eh bien, me voilà.

Henri pâlit légèrement, car ce danger que courait l'ardent jeune homme, il comprit qu'il le partageait. Il regarda donc avec inquiétude autour de lui, et se recula une seconde fois, non moins vivement que la première.

Il venait d'apercevoir le duc d'Alençon à une fenêtre.

Changeant aussitôt d'allure, Henri prit le mousquet des mains de de Mouy, placé, comme nous l'avons dit, en sentinelle, et tout en ayant l'air de l'examiner :

— De Mouy, lui dit-il, ce n'est pas certainement sans un motif bien puissant que vous êtes venu ainsi vous jeter dans la gueule du loup ?

— Non, sire. Aussi voilà huit jours que je vous guette. Hier seulement, j'ai appris que

Votre Majesté devait essayer ce cheval ce matin, et j'ai pris poste à la porte du Louvre.

— Mais comment sous ce costume?

— Le capitaine de la compagnie est protestant et de mes amis.

— Voici votre mousquet, remettez-vous à votre faction. On nous examine. En repassant, je tâcherai de vous dire un mot; mais si je ne vous parle point, ne m'arrêtez point. Adieu.

De Mouy reprit sa marche mesurée, et Henri s'avança vers le cheval.

— Qu'est-ce que c'est que ce joli petit animal, demanda le duc d'Alençon de sa fenêtre.

— Un cheval que je devais essayer ce matin, répondit Henri.

— Mais ce n'est point un cheval d'homme, cela.

— Aussi était-il destiné à une belle dame.

— Prenez garde, Henri, vous allez être indiscret, car nous allons voir cette belle dame à la chasse; et si je ne sais pas de qui vous êtes le chevalier, je saurai au moins de qui vous êtes l'écuyer.

— Eh ! mon Dieu non, vous ne le saurez pas, dit Henri avec sa feinte bonhomie, car cette belle dame ne pourra sortir, étant fort indisposée ce matin. Et il se mit en selle.

— Ah bah ! dit d'Alençon en riant, pauvre madame de Sauve !

— François ! François ! c'est vous qui êtes indiscret.

Et qu'a-t-elle donc, cette belle Charlotte? reprit le duc d'Alençon.

— Mais, continua Henri, en lançant son cheval au petit galop et en lui faisant décrire un cercle de manége, mais je ne sais trop, une grande lourdeur de tête, à ce que m'a dit Dariole, une espèce d'engourdissement par tout le corps, une faiblesse générale, enfin.

— Et cela vous empêchera-t-il d'être des nôtres? demanda le duc.

— Moi, et pourquoi? reprit Henri, vous savez que je suis fou de la chasse à courre, et que rien n'aurait cette influence de m'en faire manquer une.

— Vous manquerez pourtant celle-ci, Henri, dit le duc après s'être retourné et avoir causé un instant avec une personne qui était demeurée invisible aux yeux de Henri, attendu qu'elle causait avec son interlocuteur du fond de la chambre, car voici Sa Majesté qui me fait dire que la chasse ne peut avoir lieu.

— Bah ! dit Henri de l'air le plus désappointé du monde. Pourquoi cela ?

— Des lettres fort importantes de M. de Nevers, à ce qu'il paraît. Il y a conseil entre le roi, la reine-mère et mon frère le duc d'Anjou.

— Ah, ah ! fit en lui-même Henri ; serait-il arrivé des nouvelles de Pologne ?

Puis tout haut :

— En ce cas, continua-t-il, il est inutile que

je me risque plus longtemps sur ce verglas.
Au revoir, mon frère !

Et arrêtant le cheval en face de de Mouy :

— Mon ami, dit-il, appelle un de tes camarades pour finir ta faction. Aide le palefrenier à dessangler ce cheval, mets la selle sur ta tête et porte-la chez l'orfèvre de la sellerie ; il y a une broderie à y faire qu'il n'avait pas eu le temps d'achever pour aujourd'hui. Tu reviendras me rendre réponse chez moi.

De Mouy se hâta d'obéir, car le duc d'Alençon avait disparu de sa fenêtre, et il était évident qu'il avait conçu quelque soupçon.

En effet, à peine avait-il tourné le guichet

que le duc d'Alençon parut. Un véritable Suisse était à la place de de Mouy.

D'Alençon regarda avec une grande attention le nouvau factionnaire ; puis se retournant du côté de Henri :

— Ce n'est point avec cet homme que vous causiez tout à l'heure, n'est-ce pas, mon frère ?

— L'autre est un garçon qui est de ma maison et que j'ai fait entrer dans les Suisses : je lui ai donné une commission et il est allé l'exécuter.

— Ah ! fit le duc, comme si cette réponse lui suffisait. Et Marguerite, comment va-t-elle ?

— Je vais le lui demander, mon frère.

— Ne l'avez-vous donc point vue depuis hier?

— Non, je me suis présenté chez elle cette nuit, vers onze heures, mais Gillonne m'a dit qu'elle était fatiguée et qu'elle dormait.

— Vous ne la trouverez point dans son appartement, elle est sortie.

— Oui, dit Henri, c'est possible, elle devait aller au couvent de l'Annonciade.

Il n'y avait pas moyen de pousser la conversation plus loin, Henri paraissant décidé seulement à répondre.

Les deux beaux-frères se quittèrent donc, le duc d'Alençon, pour aller aux nouvelles, disait-il, le roi de Navarre pour rentrer chez lui.

Henri y était à peine depuis cinq minutes lorsqu'il entendit frapper.

— Qui est là ? demanda-t-il.

— Sire, répondit une voix que Henri reconnut pour celle de de Mouy, c'est la réponse de l'orfèvre de la sellerie.

Henri, visiblement ému, fit entrer le jeune homme, et referma la porte derrière lui.

— C'est vous, de Mouy ! dit-il. J'espérais que vous réfléchiriez ?

— Sire, répondit de Mouy, il y a trois mois que je réfléchis, c'est assez; maintenant, il est temps d'agir.

Henri fit un mouvement d'inquiétude.

— Ne craignez rien, Sire. Nous sommes seuls et je me hâte, car les moments sont précieux. Votre Majesté peut nous rendre, par un seul mot, tout ce que les évènements de l'année ont fait perdre à la cause de la religion. Soyons clairs, soyons brefs, soyons francs.

— J'écoute, mon brave de Mouy ! répondit Henri voyant qu'il lui était impossible d'éluder l'explication.

— Est-il vrai que Votre Majesté ait abjuré la religion protestante ?

— C'est vrai, dit Henri.

— Oui, mais est-ce des lèvres, est-ce du cœur.

— On est toujours reconnaissant à Dieu quand il nous sauve la vie, répondit Henri tournant la question, comme il avait l'habitude de le faire en pareil cas, et Dieu m'a visiblement épargné dans ce cruel danger.

— Sire, reprit de Mouy, avouons une chose.

— Laquelle?

— C'est que votre abjuration n'est point une affaire de conviction, mais de calcul. Vous avez abjuré pour que le roi vous laissât vivre, et non parce que Dieu vous avait conservé la vie.

— Quelle que soit la cause de ma conversion, de Mouy, répondit Henri, je n'en suis pas moins catholique.

— Oui, mais le resterez-vous toujours? à la première occasion de reprendre votre liberté d'existence et de conscience, ne la reprendrez-vous pas? Eh bien! cette occasion, elle se présente : La Rochelle est insurgée, le Roussillon et le Béarn n'attendent qu'un mot pour agir : dans la Guienne, tout crie à la guerre. Dites-moi seulement que vous êtes un catholique forcé et je vous réponds de l'avenir.

— On ne force pas un gentilhomme de ma naissance, mon cher de Mouy. Ce que j'ai fait, je l'ai fait librement.

— Mais, Sire, dit le jeune homme le cœur oppressé de cette résistance, à laquelle il ne s'attendait pas, vous ne songez donc pas qu'en agissant ainsi vous nous abandonnez... vous nous trahissez?...

Henri resta impassible.

— Oui, reprit de Mouy, oui, vous nous

trahissez, Sire, car plusieurs d'entre nous sont venus, au péril de leur vie, pour sauver votre honneur et votre liberté. Nous avons tout préparé pour vous donner un trône, Sire, entendez-vous bien? Non seulement la liberté, mais la puissance — un trône à votre choix, car dans deux mois vous pourrez opter entre Navarre et France.

— De Mouy, dit Henri en voilant son regard, qui malgré lui, à cette proposition, avait jeté un éclair — de Mouy, je suis sauf, je suis catholique, je suis l'époux de Margueguerite, je suis frère du roi Charles, je suis gendre de ma bonne mère Catherine. De Mouy, en prenant ces diverses positions, j'en ai calculé les chances, mais aussi les obligations.

— Mais, Sire, reprit de Mouy, à quoi

faut-il croire? on me dit que votre mariage n'est point consommé, on me dit que vous êtes libre au fond du cœur, on me dit que la haine de Catherine...

— Mensonge, mensonge, interrompit vivement le Béarnais. Oui, l'on vous a trompé impudemment, mon ami. Cette chère Marguerite est bien ma femme; Catherine est bien ma mère; le roi Charles IX enfin est bien le seigneur et le maître de ma vie et de mon cœur.

De Mouy frissonna, un sourire presque méprisant passa sur ses lèvres.

— Ainsi donc, Sire, dit-il en laissant retomber ses bras avec découragement et en essayant de sonder du regard cette âme pleine de ténèbres, voilà la réponse que je rapporterai à mes frères. Je leur dirai que le roi de Navarre tend sa main et donne son cœur à ceux qui nous ont égorgés, je leur dirai qu'il est devenu le flatteur de la reine-mère et l'ami de Maurevel...

— Mon cher de Mouy, dit Henri, le roi va sortir du conseil, et il faut que j'aille m'informer près de lui des raisons qui ont fait remettre une chose aussi importante qu'une partie de chasse. Adieu, imitez-moi, mon ami, quittez la politique, revenez au roi et prenez la messe.

Et Henri reconduisit ou plutôt repoussa jusqu'à l'antichambre le jeune homme, dont la stupéfaction commençait à faire place à la fureur.

A peine eut-il refermé la porte que, ne

pouvant résister à l'envie de se venger sur quelque chose à défaut de quelqu'un, de Mouy broya son chapeau entre ses mains, le jeta à terre, et le foulant aux pieds comme fait un taureau du manteau du matador :

— Par la mort! s'écria-t-il, voilà un misérable prince, et j'ai bien envie de me faire tuer ici pour le souiller à jamais de mon sang.

— Chut, monsieur de Mouy! dit une voix qui se glissait par l'ouverture d'une porte entre-bâillée ; chut! car un autre que moi pourrait vous entendre.

De Mouy se retourna vivement et aperçut le duc d'Alençon enveloppé d'un manteau et avançant sa tête pâle dans le corridor pour s'assurer si de Mouy et lui étaient bien seuls.

— M. le duc d'Alençon ! s'écria de Mouy, je suis perdu.

— Au contraire, murmura le prince, peut-être même avez-vous trouvé ce que vous cherchez, et la preuve c'est que je ne veux pas que vous vous fassiez tuer ici comme vous en avez le dessein. Croyez-moi, votre sang peut être mieux employé qu'à rougir le seuil du roi de Navarre.

Et à ces mots le duc ouvrit toute grande la porte, qu'il tenait entrebâillée.

— Cette chambre est celle de deux de mes gentilshommes, dit le duc, nul ne viendra nous relancer ici; nous pourrons donc y causer en toute liberté. Venez, Monsieur.

— Me voici, Monseigneur! dit le conspirateur stupéfait.

Et il entra dans la chambre, dont le duc d'Alençon referma la porte derrière lui non moins vivement que n'avait fait le roi de Navarre.

De Mouy était entré furieux, exaspéré, maudissant; mais, peu à peu, le regard froid et fixe du jeune duc François fit sur le capitaine huguenot l'effet de cette glace enchantée qui dissipe l'ivresse.

— Monseigneur, dit-il, si j'ai bien compris, Votre Altesse veut me parler?

— Oui, Monsieur de Mouy, répondit François. Malgré votre déguisement, j'avais cru vous reconnaître; et quand vous avez présenté les armes à mon frère Henri, je vous ai reconnu tout à fait. Eh bien! de Mouy, vous n'êtes donc pas content du roi de Navarre?

— Monseigneur!

— Allons, voyons! parlez-moi hardiment. Sans que vous vous en doutiez, peut-être suis-je de vos amis.

— Vous, Monseigneur?

— Oui, moi. Parlez donc.

— Je ne sais que dire à Votre Altesse, Monseigneur. Les choses dont j'avais à entretenir le roi de Navarre touchent à des intérêts que Votre Altesse ne saurait comprendre. D'ailleurs, ajouta de Mouy d'un air qu'il tâcha de rendre indifférent, il s'agissait de bagatelles.

— De bagatelles? fit le duc.

— Oui, Monseigneur.

— De bagatelles pour lesquelles vous avez cru devoir exposer votre vie en revenant au Louvre, où, vous le savez, votre tête vaut son pesant d'or! Car on n'ignore point, croyez-moi, que vous êtes, avec le roi de Navarre et le prince de Condé, un des principaux chefs des huguenots.

— Si vous croyez cela, Monseigneur, agissez envers moi comme doit le faire le frère du roi Charles et le fils de la reine Catherine.

— Pourquoi voulez-vous que j'agisse ainsi, quand je vous ai dit que j'étais de vos amis ! Dites-moi donc la vérité.

— Monseigneur, dit de Mouy, je vous jure...

— Ne jurez pas, Monsieur ; la religion réformée défend de faire des serments, et surtout de faux serments.

De Mouy fronça le sourcil.

— Je vous dis que je sais tout, reprit le duc.

De Mouy continua de se taire.

— Vous en doutez, reprit le prince avec une affectueuse insistance. Eh bien, mon cher de Mouy, il faut vous convaincre ! Voyons, vous allez juger si je me trompe.

Avez-vous ou non proposé à mon beau-frère Henri, là, tout à l'heure — le duc étendit la main dans la direction de la chambre du Béarnais — votre secours et celui des vôtres pour le réinstaller dans sa royauté de Navarre ?

De Mouy regarda le duc d'un air effaré.

— Propositions qu'il a refusées avec terreur ?

De Mouy demeura stupéfait.

— Avez-vous alors invoqué votre ancienne amitié, le souvenir de la religion commune ? Avez-vous même alors leurré le roi de Navarre d'un espoir bien brillant — si brillant qu'il en a été ébloui — de l'espoir d'atteindre à la couronne de France ? Hein ! dites, suis-je bien informé ? Est-ce là ce que vous êtes venu proposer au Béarnais ?

— Monseigneur ! s'écria de Mouy, c'est si bien cela, que je me demande en ce moment même si je ne dois pas dire à Votre Altesse royale qu'elle en a menti ! provoquer dans cette chambre un combat sans merci, et assurer ainsi par la mort de l'un de nous deux l'extinction de ce terrible secret !

— Doucement, mon brave de Mouy, doucement ! dit le duc d'Alençon sans changer de visage, sans faire le moindre mouvement à cette terrible menace ; le secret s'éteindra mieux entre nous, si nous vivons tous deux, que si l'un de nous meurt. Écoutez-moi et cessez de tourmenter ainsi la poignée de votre épée. Pour la troisième fois, je vous dis que vous êtes avec un ami. Répondez donc comme à un ami. Voyons, le roi de Navarre n'a-t-il pas refusé tout ce que vous avez offert?

— Oui, Monseigneur, et je l'avoue, puisque cet aveu ne peut compromettre que moi.

— N'avez-vous pas crié, en sortant de sa chambre, et en foulant aux pieds votre chapeau, qu'il était un prince lâche et indigne de demeurer votre chef?

— C'est vrai, Monseigneur, j'ai dit cela.

— Ah, c'est vrai! Vous l'avouez enfin?

— Oui.

— Et c'est toujours votre avis?

— Plus que jamais, Monseigneur!

— Eh bien ! moi, moi, monsieur de Mouy ; moi, troisième fils de Henri II ; moi, fils de France, suis-je assez bon gentilhomme pour commander à vos soldats, voyons ! et jugez-vous que je suis assez loyal pour que vous puissiez compter sur ma parole ?

— Vous, Monseigneur ! vous, le chef des huguenots !

— Pourquoi pas ? C'est l'époque des conversions, vous le savez. Henri s'est bien fait catholique ; je puis bien me faire protestant, moi.

— Oui, sans doute, Monseigneur, aussi j'attends que vous m'expliquiez...

— Rien de plus simple, et je vais vous dire en deux mots la politique de tout le monde. — Mon frère Charles tue les huguenots pour régner plus largement. Mon frère d'Anjou les laisse tuer parce qu'il doit succéder à mon frère Charles, et que, comme vous le savez, mon frère Charles est souvent malade. Mais moi... et c'est tout différent, moi qui ne régnerai jamais, en France du moins; attendu que j'ai deux aînés devant moi; moi que la haine de ma mère et de mes frères, plus encore que la loi de la nature, éloigne du trône; moi qui ne dois prétendre à aucune affection de famille, à aucune gloire, à aucun royaume; moi qui cependant porte un cœur aussi noble que mes aînés; eh bien! de Mouy! moi, je veux chercher à me tailler avec mon épée un royaume, dans cette France qu'ils couvrent de sang!

Or, voilà ce que je veux, moi, de Mouy, écoutez.

— Je veux être roi de Navarre, non par la

naissance, mais par l'élection. Et remarquez bien que vous n'avez aucune objection à faire à cela, car je ne suis pas usurpateur, puisque mon frère refuse vos offres, et, s'ensevelissant dans sa torpeur, reconnaît hautement que ce royaume de Navarre, n'est qu'une fiction. Avec Henri de Béarn, vous n'avez rien ; avec moi, vous avez une épée et un nom. François d'Alençon, fils de France, sauvegarde tous ses compagnons ou tous ses complices, comme il vous plaira les appeler. Eh bien ! que dites-vous de cette offre, monsieur de Mouy ?

— Je dis qu'elle m'éblouit, Monseigneur.

— De Mouy, de Mouy, nous aurons bien des obstacles à vaincre. Ne vous montrez donc pas dès l'abord si exigeant et si difficile envers un fils de roi et un frère de roi qui vient à vous.

— Monseigneur, la chose serait déjà faite si j'étais seul à soutenir mes idées; mais nous avons un conseil, et si brillante que soit l'offre, peut-être même à cause de cela, les chefs du parti n'y adhéreront-ils pas sans condition.

— Ceci est autre chose, et la réponse est d'un cœur honnête et d'un esprit prudent. A la façon dont je viens d'agir, de Mouy, vous avez dû reconnaître ma probité. Traitez-moi donc de votre côté en homme qu'on estime et non en prince qu'on flatte. De Mouy, ai-je des chances ?

— Sur ma parole, Monseigneur, et puisque Votre Altesse veut que je lui donne mon avis, Votre Altesse les a toutes depuis que le roi de Navarre a refusé l'offre que j'étais venu lui faire. Mais, je vous le répète, Monseigneur, me concerter avec nos chefs est chose indispensable.

— Faites-donc, Monsieur! répondit d'Alençon. Seulement, à quand la réponse?

De Mouy regarda le prince en silence. Puis paraissant prendre une résolution :

— Monseigneur, dit-il, donnez-moi votre main, j'ai besoin que cette main d'un fils de France touche la mienne pour être sûr que je ne serai point trahi.

Le duc non-seulement tendit la main vers de Mouy, mais il saisit la sienne et la serra.

— Maintenant, Monseigneur, je suis tranquille, dit le jeune huguenot. Si nous étions trahis, je dirais que vous n'y êtes pour rien. Sans quoi, Monseigneur, et pour si peu que vous fussiez dans cette trahison, vous seriez déshonoré.

— Pourquoi me dites-vous cela, de Mouy, avant de me dire quand vous me rapporterez la réponse de vos chefs?

— Parce que, Monseigneur, en me demandant à quand la réponse vous me demandez en même temps où sont les chefs, et que si je vous dis : à ce soir, vous saurez que les chefs sont à Paris et s'y cachent.

Et, en disant ces mots, par un geste de défiance, de Mouy attachait son œil perçant sur le regard faux et vacillant du jeune homme.

— Allons, allons, reprit le duc, il vous reste encore des doutes, Monsieur de Mouy. Mais je ne puis du premier coup exiger de vous une entière confiance. Vous me connaîtrez mieux plus tard. Nous allons être liés par une communauté d'intérêts qui vous délivrera de tout soupçon. Vous dites donc à ce soir, Monsieur de Mouy?

— Oui, Monseigneur, car le temps presse. A ce soir. Mais où cela, s'il vous plaît?

— Au Louvre, ici, dans cette chambre, cela vous convient-il?

— Cette chambre est habitée? dit de Mouy en montrant du regard les deux lits qui s'y trouvaient en face l'un de l'autre.

— Par deux de mes gentilshommes, oui.

— Monseigneur, il me semble imprudent, à moi, de revenir au Louvre.

— Pourquoi cela ?

— Parce que, si vous m'avez reconnu, d'autres peuvent avoir d'aussi bons yeux que Votre Altesse et me reconnaître à leur tour. Je reviendrai cependant au Louvre, si vous m'accordez ce que je vais vous demander.

— Quoi ?

— Un sauf-conduit.

— De Mouy, répondit le duc, un sauf-conduit de moi saisi sur vous me perd, et ne vous sauve pas. Je ne puis pour vous quelque chose qu'à la condition qu'à tous les yeux nous sommes complètement étrangers l'un à l'autre. La moindre relation de ma part avec vous, prouvée à ma mère ou à mes frères, me coûterait la vie. Vous êtes donc sauvegardé par mon propre intérêt, du moment où je me serai compromis avec les autres, comme je me compromets avec vous en ce moment. Libre dans ma sphère d'action, fort si je suis inconnu, tant que je reste moi-même impénétrable, je vous garantis tous; ne l'oubliez pas. Faites donc un nouvel appel à votre courage, tentez sur ma parole ce que vous tentiez sans la parole de mon frère. Venez ce soir au Louvre.

— Mais comment voulez-vous que j'y vienne! Je ne puis risquer ce costume dans les appartements. Il était bon pour les vestibules et les cours. Le mien est encore plus dangereux, puisque tout le monde me connaît ici et qu'il ne me déguise aucunement.

— Aussi, je cherche, attendez... Je crois que... oui, le voici.

En effet, le duc avait jeté les yeux autour de lui et ses yeux s'étaient arrêtés sur la garde-robe d'apparat de La Mole, pour le moment étendue sur le lit, c'est-à-dire, sur ce magnifique manteau cerise brodé d'or dont nous avons déjà parlé, sur un toquet orné d'une plume blanche, entouré d'un cordon de marguerites d'or et d'argent entremêlées, enfin sur un pourpoint de satin gris perle et or.

— Voyez-vous ce manteau, cette plume et ce pourpoint, dit le duc, ils appartiennent à M. de La Mole, un de mes gentilshommes;

un muguet du meilleur ton. Cet habit a fait rage à la cour et on reconnaît M. de La Mole à cent pas lorsqu'il le porte. Je vais vous donner l'adresse du tailleur qui le lui a fourni ; en le lui payant le double de ce qu'il vaut, vous en aurez un pareil ce soir. Vous retiendrez bien le nom de M. de La Mole, n'est-ce pas ?

Le duc d'Alençon achevait à peine la recommandation, que l'on entendit un pas qui s'approchait dans le corridor et qu'une clé tourna dans la serrure.

— Eh ! qui va là ? s'écria le duc en s'élançant vers la porte et en poussant le verrou.

— Pardieu, répondit une voix du dehors, je trouve la question singulière. Qui va là vous-même? Voilà qui est plaisant, quand je veux rentrer chez moi on me demande qui va là!

— Est-ce vous, Monsieur de La Mole?

— Eh! sans doute que c'est moi. Mais vous, qui êtes-vous?

Pendant que La Mole exprimait son étonnement de trouver sa chambre habitée et essayait de découvrir quel en était le nouveau commensal, le duc d'Alençon se retournait vivement une main sur le verrou, l'autre sur la serrure.

— Connaissez-vous M. de La Mole? demanda-t-il à de Mouy.

— Non, Monseigneur.

— Et lui, vous connaît-il?

— Je ne le crois pas.

— Alors, tout va bien; d'ailleurs, faites semblant de regarder par la fenêtre.

De Mouy obéit sans répondre, car La Mole commençait à s'impatienter et frappait à tour de bras.

Le duc d'Alençon jeta un dernier regard vers de Mouy, et voyant qu'il avait le dos tourné il ouvrit.

— Monseigneur le duc! s'écria La Mole en reculant de surprise. Oh! pardon, pardon, Monseigneur!

— Ce n'est rien, Monsieur. J'ai eu besoin de votre chambre pour recevoir quelqu'un.

— Faites, Monseigneur! faites. Mais permettez, je vous en supplie, que je prenne mon manteau et mon chapeau, qui sont sur le lit; car j'ai perdu l'un et l'autre cette nuit sur le quai de la Grève, où j'ai été attaqué de nuit par des voleurs.

— En effet, Monsieur, dit le prince en souriant et en passant lui-même à La Mole les objets demandés, vous voici assez mal accommodé; vous avez eu affaire à des gaillards fort entêtés, à ce qu'il paraît!

Et le duc passa lui-même à La Mole le manteau et le toquet. Le jeune homme salua et sortit pour changer de vêtement dans l'antichambre, ne s'inquiétant aucunement de ce que le duc faisait dans sa chambre ; car c'était assez l'usage au Louvre que les logements des gentilshommes fussent, pour les princes auxquels ils étaient attachés, des hôtelleries qu'ils employaient à toutes sortes de déceptions.

De Mouy se rapprocha alors du duc, et tous deux écoutèrent pour savoir le moment où La Mole aurait fini et sortirait ; mais lorsqu'il eut changé de costume, lui-même les tira d'embarras, car s'approchant de la porte :

— Pardon, Monseigneur ! dit-il ; mais Votre Altesse n'a pas rencontré sur son chemin le comte de Coconnas ?

— Non, Monsieur le comte ! et cependant il était de service ce matin.

— Alors on me l'aura assassiné, dit La Mole en se parlant à lui-même tout en s'éloignant.

Le duc écouta le bruit des pas qui allait s'affaiblissant; puis ouvrant la porte et tirant de Mouy après lui :

— Regardez-le s'éloigner, dit-il, et tâchez d'imiter cette tournure inimitable.

— Je ferai de mon mieux, répondit de Mouy. Malheureusement je ne suis point un damoiseau, mais un soldat.

— En tout cas, je vous attends avant minuit dans ce corridor. Si la chambre de mes gentilshommes est libre, je vous y recevrai; si elle ne l'est pas, nous en trouverons une autre.

— Oui, Monseigneur.

— Ainsi donc, à ce soir, avant minuit.

— A ce soir, avant minuit.

— Ah! à propos, de Mouy, balancez fort le bras droit en marchant, c'est l'allure particulière de M. de La Mole.

VI

La rue Tizon et la rue Cloche-Percée.

La Mole sortit du Louvre tout courant, et se mit à fureter dans Paris pour découvrir le pauvre Coconnas.

Son premier soin fut de se rendre à la rue de l'Arbre-Sec, et d'entrer chez maître La Hurière; car La Mole se rappelait avoir souvent cité au Piémontais certaine devise latine qui tendait à prouver que l'Amour, Bacchus et Cérès sont des dieux de première nécessité, et il avait l'espoir que Coconnas, pour suivre l'aphorisme romain, se serait installé à la Belle-Étoile après une nuit qui devait avoir été pour son ami non moins occupée qu'elle l'avait été pour lui.

La Mole ne trouva rien chez La Hurière, que le souvenir de l'obligation prise et un déjeuner offert d'assez bonne grâce que notre gentilhomme accepta avec grand appétit malgré son inquiétude.

L'estomac tranquillisé à défaut de l'esprit, La Mole se remit en course, remontant la Seine, comme ce mari qui cherchait sa femme noyée En arrivant sur le quai de la Grève, il reconnut l'endroit où, ainsi qu'il l'avait dit à M. d'Alençon, il avait pendant sa course nocturne été arrêté trois ou quatre heures auparavant, ce qui n'était pas rare dans un Paris plus vieux de cent ans que celui où Boileau se réveillait au bruit d'une balle perçant son volet. Un petit morceau de la plume de son chapeau était resté sur le champ de bataille. Le sentiment de la possession est inné chez l'homme. La Mole avait dix plumes plus belles les unes que les autres; il ne s'arrêta pas moins à ramasser celle-là, ou plutôt le seul fragment qui en eût survécu, et le considérait d'un air piteux, lorsque des pas alourdis retentirent, s'approchant de lui, et que des voix brutales lui ordonnèrent de se ranger. La Mole releva la tête et aperçut une litière précédée de deux pages et accompagnée d'un écuyer.

La Mole crut reconnaître la litière et se rangea vivement.

Le jeune gentilhomme ne s'était pas trompé.

— Monsieur de La Mole? dit une voix pleine de douceur qui sortait de la litière, tandis qu'une main blanche et douce comme le satin écartait les rideaux.

— Oui, Madame, moi-même, répondit La Mole en s'inclinant.

— M. de La Mole une plume à la main... continua la dame à la litière : êtes-vous donc amoureux, mon cher Monsieur, et retrouvez-vous ici des traces perdues ?

— Oui, Madame; répondit La Mole, je

suis amoureux, et très fort; mais, pour le moment, ce sont mes propres traces que je retrouve — quoique ce ne soient pas elles que je cherche; — mais Votre Majesté me permettra-t-elle de lui demander des nouvelles de sa santé ?

— Excellente, Monsieur; je ne me suis jamais mieux portée, ce me semble; cela vient probablement de ce que j'ai passé la nuit en retraite.

— Ah! en retraite, dit La Mole en regardant Marguerite d'un façon étrange.

— Eh bien! oui; qu'y a-t-il d'étonnant à cela?

— Peut-on, sans indiscrétion, vous demander dans quel couvent?

— Certainement, Monsieur, je n'en fais

pas mystère. Au couvent des Annonciades. Mais vous, que faites-vous ici avec cet air tout effarouché?

— Madame, moi aussi j'ai passé la nuit en retraite et dans les environs du même couvent ; ce matin je cherche mon ami, qui a disparu, et en le cherchant j'ai retrouvé cette plume.

— Qui vient de lui ? Mais en vérité vous m'effrayez sur son compte, la place est mauvaise.

— Que Votre Majesté se rassure, la plume vient de moi ; je l'ai perdue vers cinq heures et demie sur cette place, en me sauvant des mains de quatre bandits qui me voulaient à toute force assassiner, à ce que je puis croire du moins.

Marguerite réprima un vif mouvement d'effroi.

— Oh, contez-moi cela! dit-elle.

— Rien de plus simple, Madame. Il était donc, comme j'avais l'honneur de le dire à Votre Majesté, cinq heures du matin à peu près...

— Et à cinq heures du matin, interrompit Marguerite, vous étiez déjà sorti?

— Votre Majesté m'excusera, dit La Mole, je n'étais pas encore rentré.

— Ah, Monsieur de La Mole! rentrer à cinq heures du matin! dit Marguerite avec un sourire qui pour tous était malicieux et que La Mole eut la fatuité de trouver adorable, rentrer si tard! vous aviez mérité cette punition.

— Aussi je ne me plains pas, Madame, dit La Mole en s'inclinant avec respect, et j'eusse été éventré que je m'estimerais encore plus heureux cent fois que je ne mérite de l'être. Mais enfin je rentrais tard ou de bonne heure, comme Votre Majesté voudra, de cette bienheureuse maison où j'avais passé la nuit en retraite, lorsque quatre tire-laine ont débouché de la rue de la Mortellerie et m'ont poursuivi avec des coupe-choux démesurément longs. C'est grotesque, n'est-ce pas, Madame! mais enfin c'est comme cela; il m'a fallu fuir, car j'avais oublié mon épée.

— Oh, je comprends! dit Marguerite avec un air d'admirable naïveté, et vous retournez chercher votre épée?

La Mole regarda Marguerite comme si un doute se glissait dans son esprit.

— Madame, j'y retournerais effectivement et même très volontiers, attendu que mon épée est une excellente lame, mais je ne sais pas où est cette maison.

— Comment, Monsieur ! reprit Marguerite, vous ne savez pas où est la maison où vous avez passé la nuit ?

— Non, Madame, et que Satan m'extermine si je m'en doute !

— Oh ! voilà qni est singulier ! C'est donc tout un roman que votre histoire ?

— Un véritable roman, vous l'avez dit, Madame.

— Contez-la-moi.

— C'est un peu long.

— Qu'importe ! j'ai le temps.

— Et fort incroyable surtout.

— Allez toujours, je suis on ne peut plus crédule.

— Votre Majesté l'ordonne?

— Mais oui, s'il le faut.

— J'obéis. — Hier soir, après avoir quitté deux adorables femmes avec lesquelles nous avions passé la soirée sur le pont Saint-Michel, nous soupions chez maître La Hurière?

— D'abord, demanda Marguerite avec un naturel parfait, qu'est-ce que maître La Hurière?

— Maître La Hurière, Madame, dit La Mole en regardant une seconde fois Marguerite avec cet air de doute qu'on avait déjà pu remarquer une première fois chez lui, maître La Hurière est le maître d'hôtellerie de la Belle-Étoile située rue de l'Arbre-Sec.

— Bien. Je vois cela d'ici... Vous soupiez donc chez maître La Hurière avec votre ami Coconnas sans doute ?

— Oui, Madame, avec mon ami Coconnas, quand un homme entra et nous remit à chacun un billet.

— Pareil ? demanda Marguerite.

— Exactement pareil.

— Et qui contenait ?

— Cette ligne seulement :

« Vous êtes attendu rue Saint-Antoine, en face de la rue de Jouy. »

— Et pas de signature au bas de ce billet ? demanda Marguerite.

— Non ; mais trois mots, trois mots charmants qui promettaient trois fois la même chose, c'est à dire un triple bonheur.

— Et quels étaient ces trois mots ?

— *Eros, Cupido, Amor.*

— En effet, ce sont trois doux noms ; et ont-ils tenu ce qu'ils promettaient ?

— Oh ! plus Madame, cent fois plus ! s'écria La Mole avec enthousiasme.

— Continuez ; je suis curieuse de savoir ce qui vous attendait rue Saint-Antoine, en face la rue de Jouy.

— Deux duègnes avec chacune un mouchoir à la main. Il s'agissait de nous laisser bander les yeux. Votre Majesté devine que nous n'y fîmes point de difficulté. Nous tendîmes bravement le cou. Mon guide me fit tourner à gauche, le guide de mon ami le fit tourner à droite, et nous nous séparâmes.

— Et alors?... continua Marguerite, qui paraissait décidée à pousser l'investigation jusqu'au bout.

— Je ne sais, reprit La Mole, où mon guide conduisit mon ami. En enfer, peut-être. Mais quant à moi, ce que je sais, c'est que le mien me mena en un lieu que je tiens pour le paradis.

— Et d'où vous fit sans doute chasser votre trop grande curiosité?

— Justement, Madame, et vous avez le don de la divination. J'attendais le jour avec impatience pour voir où j'étais, quand, à quatre heures et demie, la même duègne est rentrée, m'a bandé de nouveau les yeux, m'a fait promettre de ne point chercher à soulever mon bandeav, m'a conduit dehors, m'a accompagné cent pas, m'a fait encore jurer de n'ôter mon bandeau que lorsque j'aurais compté jusqu'à cinquante. J'ai compté jusqu'à cinquante, et je me suis trouvé rue Saint-Antoine, en face de la rue de Jouy.

— Et alors...

— Alors, Madame, je suis revenu tellement joyeux que je n'ai point fait attention aux quatre misérables des mains desquels j'ai eu tant de mal à me tirer. Or, Madame, continua La Mole, en retrouvant ici un morceau de ma plume, mon cœur a tressailli de joie et je l'ai ramassé en me promettant à moi-même de le garder comme un souvenir de cette heureuse nuit. Mais, au milieu de mon bonheur, une chose me tourmente, c'est ce que peut être devenu mon compagnon.

— Il n'est donc pas rentré au Louvre ?

— Hélas, non, Madame ! Je l'ai cherché partout où il pouvait être, à l'Étoile d'or, au jeu de paume, et en quantité d'autres lieux honorables; mais d'Annibal point, et de Coconnas pas davantage...

En disant ces paroles et en les accompagnant d'un geste lamentable, La Mole ouvrit les bras et écarta son manteau, sous lequel on vit bâiller à divers endroits son pourpoint qui montrait, comme autant d'élégants crevés, la doublure par les accrocs.

— Mais vous avez été criblé, dit Marguerite.

— Criblé, c'est le mot! dit La Mole, qui n'était pas fâché de se faire un mérite du danger qu'il avait couru. Voyez, Madame ! voyez !

— Comment n'avez-vous pas changé de pourpoint au Louvre, puisque vous y êtes retourné ? demanda la reine.

— Ah ! dit La Mole, c'est qu'il y avait quelqu'un dans ma chambre.

— Comment, quelqu'un dans votre chambre ! dit Marguerite, dont les yeux exprimèrent le plus vif étonnement ; et qui donc était dans votre chambre ?

— Son Altesse.

— Chut ! interrompit Marguerite.

Le jeune homme obéit.

— *Qui ad lecticam meam stant ?* demanda-t-elle à La Mole.

— *Duo pueri et unus eques.*

— *Optime, barbari!* dit-elle. *Dic, Moles, quem inveneris in cubiculo tuo?*

— *Franciscum ducem.*

— *Agentem?*

— *Nescio quid,*

— *Quo cum?*

— *Cum ignoto* *.

— C'est bizarre, dit Marguerite. Ainsi, vous n'avez pu retrouver Coconnas? continua-t-elle sans songer évidemment à ce qu'elle disait.

— Qui est à ma portière?
— Deux pages et un écuyer.
— Bon, ce sont des barbares! Dites-moi, La Mole, qui avez-vous trouvé dans votre chambre?
— Le duc François.
— Faisant?
— Je ne sais quoi.
— Avec?
— Avec un inconnu.

— Aussi, Madame, comme j'avais l'honneur de le dire à Votre Majesté, j'en meurs véritablement d'inquiétude.

— Eh bien! dit Marguerite en souriant, je ne veux pas vous distraire plus longtemps de sa recherche, mais je ne sais pourquoi j'ai l'idée qu'il se retrouvera tout seul! N'importe, allez toujours.

Et la reine appuya un doigt su sa bouche. Or, comme la belle Marguerite n'avait confié aucun secret, n'avait fait aucun aveu à La Mole, le jeune homme comprit que ce geste charmant, ne pouvant avoir pour but de lui recommander le silence, devait avoir une autre signification.

Le cortège se remit en marche; et La Mole, dans le but de poursuivre son investigation, continua de remonter le quai jusqu'à la rue du Long-Pont, qui le conduisit dans la rue Saint-Antoine.

En face de la rue de Jouy, il s'arrêta.

C'était là que, la veille, les deux duègnes leur avaient bandé les yeux, à lui et à Coconnas. Il avait tourné à gauche, puis il avait compté vingt pas; il recommenca le même manège et se trouva en face d'une maison ou plutôt d'un mur, derrière lequel s'élevait une maison ; au milieu de ce mur était une porte à auvent garnie de clous larges et de meurtrières.

La maison était située rue Cloche-Percée, petite rue étroite qui commence à la rue Saint-Antoine et qui aboutit à la rue du Roi-de-Sicile.

— Par-la-sambleu ! dit La Mole, c'est bien

là... j'en jurerais... En étendant la main, comme je sortais, j'ai senti les clous de la porte, puis j'ai descendu deux degrés. Cet homme qui courait en criant : A l'aide! et qu'on a tué rue du Roi-de-Sicile, passait au moment où je mettais le pied sur le premier. Voyons.

La Mole alla à la porte et frappa.

La porte s'ouvrit, et une espèce de concierge à moustache vint ouvrir.

— *Was ist das?* demanda le concierge.

— Ah, ah! fit La Mole, il me paraît que nous sommes Suisse. Mon ami, continua-t-il, en prenant son air le plus charmant, je voudrais avoir mon épée, que j'ai laissée dans cette maison, où j'ai passé la nuit.

— *Ich verstehe nicht*, répondit le concierge.

— Mon épée...., reprit La Mole.

— *Ich verstehe nicht*, répéta le concierge.

—.... Que j'ai laissée.... Mon épée, que j'ai laissée...

— *Ich verstehe nicht*,

—.... Dans cette maison où j'ai passé la nuit.

— *Gehz zum Teufel*....

Et il lui referma la porte au nez.

— Mordieu! dit La Mole, si j'avais cette épée que je réclame, je la passerais bien

volontiers à travers le corps de ce drôle-
là.... Mais je ne l'ai point, et ce sera pour
un autre jour.

Sur quoi La Mole continua son chemin
jusqu'à la rue du Roi-de-Sicile, prit à
droite, fit cinquante pas à peu près, prit
à droite encore et se trouva rue Tizon,
petite rue parallèle à la rue Cloche-Percée,
et en tous points semblable. Il y eut plus :
à peine eut-il fait trente pas; qu'il retrouva
la petite porte à clous larges, à auvent et
à meurtrières, les deux degrés et le mur.
On eût dit que la rue Cloche-Percée s'était
retournée pour le voir passer.

La Mole réfléchit alors qu'il avait bien
pu prendre sa droite pour sa gauche, et
il alla frapper à cette porte pour y faire
la même réclamation qu'il avait faite à

l'autre. Mais cette fois il eût beau frapper, on n'ouvrit même pas.

La Mole fit et refit deux ou trois fois le même tour qu'il venait de faire, ce qui l'amena à s'arrêter à cette idée toute naturelle, que la maison avait deux entrées, l'une sur la rue Cloche-Percée et l'autre sur la rue Tizon.

Mais ce raisonnement, si logique qu'il fût, ne lui rendait pas son épée, et ne lui apprenait pas où était son ami.

Il eut un instant l'idée d'acheter une autre épée et d'éventrer le misérable portier qui s'obstinait à ne parler qu'allemand ; mais il pensa que si ce portier était à Marguerite, et que si Marguerite l'avait choisi ainsi, c'est qu'elle avait ses raisons pour cela, et qu'il lui serait peut-être désagréable d'en être privée.

Or, La Mole, pour rien au monde, n'eût voulu faire une chose désagréable à Marguerite.

De peur de céder à la tentation il reprit donc vers les deux heures de l'après-midi le chemin du Louvre.

Comme son appartement n'était point occupé cette fois, il put rentrer chez lui. La chose était assez urgente relativement au pourpoint, qui, comme le lui avait fait observer la reine, était considérablement détérioré.

Il s'avança donc incontinent vers son lit pour substituer le beau pourpoint gris-perle à celui-là. Mais à son grand étonnement la première chose qu'il aperçut près du pourpoint gris-perle fut cette fameuse épée qu'il avait laissée rue Cloche-Percée.

La Mole la prit, la tourna et la retourna : c'était bien elle.

— Ah! ah! fit-il, est-ce qu'il y aurait quelque magie là-dessous? Puis avec un soupir : Ah! si le pauvre Coconnas se pouvait retrouver comme mon épée!

Deux ou trois heures après que La Mole avait cessé sa ronde circulaire tout autour de la petite maison double, la porte de la rue Tizon s'ouvrit. Il était cinq heures du soir à peu près, et par conséquent nuit fermée.

Une femme, enveloppée dans un long

manteau garni de fourrures, accompagnée d'une suivante, sortit par cette porte que lui tenait ouverte une duègne d'une quarantaine d'années, se glissa rapidement jusqu'à la rue du Roi-de-Sicile, frappa à une petite porte de l'hôtel d'Argenson qui s'ouvrit devant elle, sortit par la grande porte du même hôtel, qui donnait Vieille-rue-du-Temple, alla gagner une petite poterne de l'hôtel de Guise, l'ouvrit avec une clé qu'elle avait dans sa poche, et disparut.

Une demi heure après, un jeune homme, les yeux bandés, sortait par la même porte de la même petite maison, guidé par une femme qui le conduisit au coin de la rue Geoffroy-Lasnier et de la Mortellerie. Là, elle l'invita à compter jusqu'à cinquante et à ôter son bandeau.

Le jeune homme accomplit scrupuleusement la recommandation, et au chiffre convenu, ôta le mouchoir qui lui couvrait les yeux.

— Mordi! s'écria-t-il, en regardant tout autour de lui, si je sais où je suis, je veux être pendu! Six heures! s'écria-t-il en entendant sonner l'horloge de Notre-Dame. Et ce pauvre La Mole, que peut-il être devenu? Courons au Louvre, peut-être là en saura-t-on des nouvelles.

Et ce disant, Coconnas descendit tout courant la rue de la Mortellerie, et arriva aux portes du Louvre en moins de temps qu'il n'en eût fallu à un cheval ordinaire ; il bouscula et démolit sur son passage cette haie mobile des braves bourgeois qui se promenaient paisiblement autour des boutiques de la place Baudoyer, et entra dans le palais.

Là il interrogea suisse et sentinelle. Le suisse croyait bien avoir vu entrer M. de La Mole le matin, mais il ne l'avait pas vu sortir. La sentinelle n'était là que depuis une heure et demie et n'avait rien vu.

Il monta tout courant à la chambre et en ouvrit la porte précipitamment; mais il ne trouva dans la chambre que le pourpoint de La Mole tout lacéré, ce qui redoubla encore ses inquiétudes.

Alors il songea à la Hurière et courut chez le digne hôtelier de la Belle-Étoile. La Hurière avait vu La Mole; La Mole avait déjeuné chez La Hurière. Coconnas fut donc entièrement rassuré, et, comme il avait grand faim, il demanda à souper à son tour.

Coconnas était dans les deux dispositions nécessaires pour bien souper, il avait l'esprit rassuré et l'estomac vide ; il soupa donc si bien que son repas le conduisit jusqu'à huit heures. Alors, reconforté par deux bouteilles d'un petit vin d'Anjou qu'il aimait fort et qu'il venait de sabler avec une sensualité qui se trahissait par des clignements d'yeux et des clapements de langue réitérés, il se remit à la recherche de La Mole, accompagnant cette nouvelle exploration à travers la foule de coups de pied et de coups de poing proportionnés à l'accroissement d'amitié que lui avait inspiré le bien-être qui suit toujours un bon repas.

Cela dura une heure ; pendant une heure

Coconnas parcourut toutes les rues avoisinant le quai de la Grève, le port au charbon, la rue Saint-Antoine, et les rues Tizon et Cloche-Percée, où il pensait que son ami pouvait être revenu. Enfin il comprit qu'il y y avait un endroit par lequel il fallait qu'il passât, c'était le guichet du Louvre, et il résolut de l'aller attendre sous ce guichet jusqu'à sa rentrée.

Il n'était plus qu'à cent pas du Louvre, et remettait sur ses jambes une femme dont il avait déjà renversé le mari, place Saint-Germain-l'Auxerrois, lorsqu'à l'horizon il aperçut devant lui, à la clarté douteuse d'un grand fanal dressé près du pont-levis du Louvre, le manteau de velours-cerise et la plume blanche de son ami qui, déjà pareil à une ombre, disparaissait sous le guichet en rendant le salut à la sentinelle.

Le fameux manteau cerise avait fait tant d'effet de par le monde qu'il n'y avait pas à s'y tromper.

— Eh, mordi! s'écria Coconnas; c'est bien lui cette fois — et le voilà qui rentre. Eh, eh! La Mole, eh! notre ami. Peste! j'ai pourtant une bonne voix. Comment se fait-il donc qu'il ne m'ait pas entendu? Mais par bonheur j'ai aussi bonnes jambes que bonne voix, et je vais le rejoindre.

Dans cette espérance, Coconnas s'élança de toute la vigueur de ses jarrets, arriva en un instant au Louvre; mais quelque diligence qu'il eût faite, au moment où il mettait le pied dans la cour, le manteau rouge, qui paraissait fort pressé aussi, disparaissait sous le vestibule.

— Ohé! La Mole! s'écria Coconnas en reprenant sa course — attends-moi donc — c'est moi, Coconnas! Que diable as-tu donc à courir ainsi? Est-ce que tu te sauves, par hasard?

En effet, le manteau rouge, comme s'il eût eu des ailes, escaladait le second étage plutôt qu'il ne le montait.

— Ah! tu ne veux pas m'attendre! cria Coconnas. — Ah! tu m'en veux! ah! tu es fâché! — Eh bien! au diable, mordi! quant à moi, je n'en puis plus.

C'était du bas de l'escalier que Coconnas lançait cette apostrophe au fugitif, qu'il renonçait à suivre des jambes, mais qu'il continuait à suivre de l'œil à travers la vis de l'escalier et qui était arrivé à la hauteur de l'appartement de Marguerite. Tout à coup une femme sortit de cette appartement et prit celui que poursuivait Coconnas par le bras.

— Oh, oh! fit Coconnas, cela m'a tout l'air d'être la reine Marguerite. Il était attendu. Alors c'est autre chose, je comprends qu'il ne m'ait pas répondu.

Et il se coucha sur la rampe, plongeant son regard par l'ouverture de l'escalier.

Alors, après quelques paroles à voix basse, il vit le manteau cerise suivre la reine chez elle.

— Bon, bon! dit Coconnas, c'est cela! Je ne me trompais point. Il y a des moments où la présence de notre meilleur ami nous est importune, et ce cher de La Mole est dans un de ces moments-là.

Et Coconnas, montant doucement les escaliers, s'assit sur un banc de velours qui garnissait le palier même, en se disant :

— Soit, au lieu de le rejoindre j'attendrai, — oui ; mais, ajouta-t-il, j'y pense, il est chez la reine de Navarre, de sorte que je pourrais bien attendre longtemps.... Il fait froid, mordi! Allons, allons! j'attendrai aussi bien dans ma chambre. — Il faudra toujours bien qu'il y rentre, quand le diable y serait.

Il achevait à peine ces paroles et commençait à mettre à exécution la résolution qui en était le résultat, lorsqu'un pas allègre et léger retentit au-dessus de sa tête, accompagné d'une petite chanson si familière à son ami que Coconnas tendit aussitôt le cou vers le côté d'où venait le bruit du pas et de la chanson. C'était La Mole qui descendait de l'étage supérieur, celui où était située sa chambre, et qui, apercevant Coconnas, se mit à sauter quatre à quatre les escaliers qui le séparaient encore de lui, et, cette opération terminée, se jeta dans ses bras.

— Oh! mordi, c'est toi! dit Coconnas. Et par où diable es-tu donc sorti?

— Eh! par la rue Cloche-Percée, pardieu!

— Non. Je ne dis pas de la maison là-bas...

— Et d'où?

— De chez la reine.

— De chez la reine?...

— De chez la reine de Navarre.

— Je n'y suis pas entré.

— Allons donc!

— Mon cher Annibal, dit La Mole, tu déraisonnes. Je sors de ma chambre, où je t'attends depuis deux heures.

— Tu sors de ta chambre?

— Oui.

— Ce n'est pas toi que j'ai pousuivi sur la place du Louvre?

— Quand cela?

— A l'instant même.

— Non.

— Ce n'est pas toi qui as disparu sous le guichet il y a dix minutes ?

— Non.

— Ce n'est pas toi qui viens de monter cet escalier comme si tu étais poursuivi par toute une légion de diables ?

— Non.

— Mordi ! s'écria Coconnas, le vin de la Belle-Étoile n'est point assez méchant pour m'avoir tourné à ce point la tête. Je te dis que je viens d'apercevoir ton manteau cerise et ta plume blanche sous le guichet du Louvre, que j'ai poursuivi l'un et l'autre jusqu'au bas de cet escalier, et que ton manteau, ton plumeau, tout, jusqu'à ton bras qui fait le balancier, était attendu ici par une dame que je soupçonne fort d'être la reine de Navarre, laquelle a entraîné le tout par cette porte qui, si je ne me trompe, est bien celle de la belle Marguerite.

—Mordieu! dit La Mole en pâlissant, y aurait-il déjà trahison?

— A la bonne heure! dit Coconnas. Jure tant que tu voudras, mais ne me dis plus que je me trompe.

La Mole hésita un instant, serrant sa tête entre ses mains et retenu entre son respect et sa jalousie; mais sa jalousie l'emporta et il s'élança vers la porte, à laquelle il commença à heurter de toutes ses forces, ce qui produisit un vacarme assez peu convenable eu égard à la majesté du lieu où l'on se trouvait.

— Nous allons nous faire arrêter, dit Coconnas, mais n'importe, c'est bien drôle. Dis donc, La Mole, est-ce qu'il y aurait des revenants au Louvre ?

— Je n'en sais rien, dit le jeune homme, aussi pâle que la plume qui ombrageait son front ; mais j'ai toujours désiré en voir et, comme l'occasion s'en présente, je ferai de mon mieux pour me trouver face à face avec celui-là.

—Je ne m'y oppose pas, dit Coconnas, seulement frappe un peu moins fort si tu ne veux pas l'effaroucher.

La Mole, si exaspéré qu'il fût, comprit la justesse de l'observation et continua de frapper, mais plus doucement.

VII

Le manteau cerise.

Coconnas ne s'était point trompé. La dame qui avait arrêté le cavalier au manteau cerise était bien la reine de Navarre ; quant au cavalier au manteau cerise, notre lecteur a déjà deviné, je présume, qu'il n'était autre que le brave de Mouy.

En reconnaissant la reine de Navarre, le jeune huguenot comprit qu'il y avait quelque méprise, mais il n'osa rien dire, dans la crainte qu'un cri de Marguerite ne le trahît. Il préféra donc se laisser amener jusque dans les appartements, quitte, une fois arrivé là, à dire à sa belle conductrice : — Silence pour silence, Madame.

En effet, Marguerite avait serré doucement le bras de celui que, dans la demi-obscurité, elle avait pris pour La Mole, et, se penchant à son oreille, elle lui avait dit en latin :

Sola sum; introite, carissime *.

De Mouy, sans répondre, se laissa guider; mais à peine la porte se fut-elle refermée derrière lui, et se trouva-t-il dans l'an-

---

(1) Je suis seule; entrez, mon très cher.

tichambre mieux éclairée que l'escalier, que Marguerite reconnut que ce n'était point La Mole.

Ce petit cri qu'avait redouté le prudent huguenot échappa en ce moment à Marguerite ; heureusement il n'était plus à craindre.

— Monsieur de Mouy ! dit-elle en reculant d'un pas.

— Moi-même, Madame, et je supplie Votre Majesté de me laisser libre de continuer mon chemin sans rien dire à personne de ma présence au Louvre.

— Oh, Monsieur de Mouy ! répéta Marguerite, je m'étais donc trompée !

— Oui, dit de Mouy, je comprends, Votre Majesté m'aura pris pour le roi de Navarre :

c'est la même taille, la même plume blanche, et beaucoup, qui voulaient me flatter sans doute, m'ont dit la même tournure.

Marguerite regarda fixement de Mouy.

— Savez-vous le latin, monsieur de Mouy? demanda-t-elle.

— Je l'ai su autrefois, répondit le jeune homme, mais je l'ai oublié.

Marguerite sourit.

— Monsieur de Mouy, dit-elle, vous pouvez être sûr de ma discrétion. Cependant, comme je crois savoir le nom de la personne que vous cherchez au Louvre, je vous offrirai mes services pour vous guider sûrement vers elle.

— Excusez-moi, Madame, dit de Mouy, je crois que vous vous trompez, et qu'au contraire vous ignorez complètement...

— Comment! s'écria Marguerite, ne cherchez-vous pas le roi de Navarre?

— Hélas, Madame! dit de Mouy, j'ai le regret de vous prier d'avoir surtout à cacher ma présence au Louvre à Sa Majesté le roi votre époux.

— Écoutez, monsieur de Mouy, dit Marguerite surprise, je vous ai tenu jusqu'ici pour un des plus fermes chefs du parti huguenot, pour un des plus fidèles partisans du roi mon mari; me suis-je donc trompée?

— Non, Madame, car ce matin encore j'étais tout ce que vous dites.

— Et pour quelle cause avez-vous changé depuis ce matin?

— Madame, dit de Mouy en s'inclinant, veuillez me dispenser de répondre et faites-moi la grâce d'agréer mes hommages.

Et de Mouy, dans une attitude respectueuse mais ferme, fit quelques pas vers la porte par laquelle il était entré.

Marguerite l'arrêta.

— Cependant, Monsieur, dit-elle, si j'osais vous demander un mot d'explication; ma parole est bonne, ce me semble?

— Madame, répondit de Mouy, je dois me taire, et il faut que ce dernier devoir soit bien réel pour que je n'aie point encore répondu à Votre Majesté.

— Cependant, Monsieur...

—Votre Majesté peut me perdre, Madame; mais elle ne peut exiger que je trahisse mes nouveaux amis.

— Mais les anciens, Monsieur, n'ont-ils pas aussi quelques droits sur vous?

— Ceux qui sont restés fidèles, oui ; — ceux qui non-seulement nous ont abandonnés mais encore se sont abandonnés eux-mêmes, non.

Marguerite, pensive et inquiète, allait sans doute répondre par une nouvelle interrogation, quand soudain Gillonne s'élança dans l'appartement.

— Le roi de Navarre! cria-t-elle.

— Par où vient-il?

— Par le corridor secret.

— Faites sortir Monsieur par l'autre porte.

— Impossible, Madame. — Entendez-vous?

— On frappe.

— Oui — à la porte par laquelle vous voulez que je fasse sortir Monsieur.

— Et, qui frappe?

— Je ne sais.

— Allez voir, et me le revenez dire.

— Madame, dit de Mouy, oserai-je faire observer à Votre Majesté que, si le roi de Navarre me voit à cette heure et sous ce costume au Louvre, je suis perdu?

Marguerite saisit de Mouy, et l'entraînant vers le fameux cabinet :

— Entrez ici, Monsieur, dit-elle; vous y êtes aussi bien caché et surtout aussi garanti que dans votre maison même, car vous y êtes sur la foi de ma parole.

De Mouy s'y élança précipitamment, et à peine la porte était-elle refermée derrière lui que Henri parut.

Cette fois, Marguerite n'avait aucun trouble à cacher; elle n'était que sombre, et l'amour était à cent lieues de sa pensée.

Quant à Henri, il entra avec cette minutieuse défiance qui, dans les moments les moins dangereux, lui faisait remarquer jusqu'aux plus petits détails; à plus forte raison Henri était-il profondément observateur dans les circonstances où il se trouvait.

Aussi vit-il à l'instant même le nuage qui obscurcissait le front de Marguerite.

— Vous étiez occupée, Madame? dit-il.

— Moi, mais oui, Sire, je rêvais.

— Et vous aviez raison, Madame; la rêverie vous sied. Moi aussi, je rêvais; mais tout au contraire de vous, qui recherchez la solitude, je suis descendu exprès pour vous faire part de mes rêves.

Marguerite fit au roi un signe de bienvenue, et, lui montrant un fauteuil, elle s'assit elle-même sur une chaise d'ébène sculptée fine et forte comme de l'acier.

Il se fit entre les deux époux un instant de silence ; puis, rompant ce silence le premier :

— Je me suis rappelé, madame, dit Henri, que mes rêves sur l'avenir avaient cela de commun avec les vôtres, que, séparés comme époux, nous désirions cependant l'un et l'autre unir notre fortune.

— C'est vrai, Sire.

— Je crois avoir compris aussi, que, dans tous les plans que je pourrai faire d'élévation commune, vous m'avez dit que je trouverais en vous non-seulement une fidèle mais encore une active alliée.

— Oui, Sire, et je ne demande qu'une

chose, c'est qu'en vous mettant le plus vite possible à l'œuvre, vous me donniez bientôt l'occasion de m'y mettre aussi.

— Je suis heureux de vous trouver dans ces dispositions, Madame, et je crois que vous n'avez pas douté un instant que je perdisse de vue le plan dont j'ai résolu l'exécution, le jour même où, grâce à votre courageuse intervention, j'ai été à peu près sûr d'avoir la vie sauve.

— Monsieur, je crois qu'en vous l'insouciance n'est qu'un masque, et j'ai foi non-seulement dans les prédictions des astrologues, mais encore dans votre génie.

— Que diriez-vous donc, Madame, si quelqu'un venait se jeter à la traverse de nos plans et nous menaçait de nous réduire, vous et moi, à un état médiocre ?

— Je dirais que je suis prête à lutter avec vous, soit dans l'ombre, soit ouvertement contre ce quelqu'un, quel qu'il fût.

— Madame, continua Henri, il vous est possible d'entrer à toute heure, n'est-ce pas, chez M. d'Alençon votre frère ; vous avez sa confiance et il vous porte une vive amitié. Oserai-je vous prier de vous informer si dans ce moment même il n'est pas en conférence secrète avec quelqu'un ?

Marguerite tressaillit.

— Avec qui, Monsieur ? demanda-t-elle.

— Avec de Mouy.

— Pourquoi cela ? demanda Marguerite en réprimant son émotion.

— Parce que s'il en est ainsi, Madame,

adieu tous nos projets, tous les miens du moins.

— Sire, parlez bas, dit Marguerite en faisant à la fois un signe des yeux et des lèvres et en désignant du doigt le cabinet.

— Oh! oh! dit Henri; encore quelqu'un? En vérité, ce cabinet est si souvent habité qu'il rend votre chambre inhabitable.

Marguerite sourit.

— Au moins, est-ce toujours M. de La Mole? demanda Henri.

— Non, Sire, c'est M. de Mouy.

— Lui? s'écria Henri avec une surprise mêlée de joie; il n'est donc pas chez le duc d'Alençon, alors? Oh! faites-le venir que je lui parle...

Marguerite courut au cabinet, l'ouvrit, et prenant de Mouy par la main l'amena sans préambule devant le roi de Navarre.

— Ah! Madame, dit le jeune huguenot avec un accent de reproche plus triste qu'amer, vous me trahissez, malgré votre promesse, c'est mal. Que diriez-vous si je me vengeais en disant...

— Vous ne vous vengerez pas, de Mouy, interrompit Henri en serrant la main du jeune homme, ou du moins vous m'écouterez auparavant. Madame, continua Henri en s'adressant à la reine, veillez, je vous prie, à ce que personne ne nous écoute.

Henri achevait à peine ces mots que Gillonne arriva tout effarée et dit à l'oreille de Marguerite quelques mots qui la firent bondir de son siége. Pendant qu'elle courait vers l'antichambre avec Gillonne, Henri, sans s'inquiéter de la cause qui l'appelait hors de l'appartement, visitait le lit, la ruelle, les tapisseries, et sondait du doigt les murailles. Quant à M. de Mouy, effarouché de tous ces préambules, il s'assurait préalablement que son épée ne tenait pas au fourreau.

Marguerite, en sortant de sa chambre à coucher, s'était élancée dans l'antichambre et s'était trouvée en face de La Mole, lequel malgré toutes les prières de Gillonne, voulait à toute force entrer chez Marguerite.

Coconnas se tenait derrière lui, prêt à le pousser en avant ou à soutenir la retraite.

— Ah! c'est vous, Monsieur de La Mole, s'écria la reine, mais qu'avez-vous donc, et pourquoi êtes-vous aussi pâle et tremblant ?

— Madame, dit Gillonne, M. de La Mole a frappé à la porte de telle sorte que malgré les ordres de Votre Majesté j'ai été forcée de lui ouvrir.

— Oh! oh! qu'est-ce donc que cela? dit sévèrement la reine; est-ce vrai ce qu'on me dit là, Monsieur de La Mole ?

— Madame, c'est que je voulais prévenir venir Votre Majesté qu'un étranger, un inconnu, un voleur peut-être, s'était introduit chez elle avec mon manteau et mon chapeau.

— Vous êtes fou, Monsieur, dit Marguerite, car je vois votre manteau sur vos épaules, et je crois, Dieu me pardonne, que je vois aussi votre chapeau sur votre tête lorsque vous parlez à une reine.

— Oh! pardon, Madame, pardon! s'écria La Mole en se découvrant vivement, ce n'est cependant pas, Dieu m'en est témoin, le respect qui me manque.

— Non, c'est la foi, n'est-ce pas? dit la reine.

— Que voulez-vous! s'écria La Mole; quand un homme est chez Votre Majesté, quand il s'y introduit en prenant mon costume, et peut-être mon nom, qui sait?...

— Un homme! dit Marguerite en serrant doucement la main du pauvre amoureux; un homme!... Vous êtes modeste, Monsieur de La Mole. Approchez votre tête de l'ouverture de la tapisserie et vous verrez deux hommes.

Et Marguerite entr'ouvrit, en effet, la portière de velours brodé d'or, et La Mole reconnut Henri causant avec l'homme au manteau rouge : Coconnas, curieux comme s'il se fût agi de lui-même, regarda aussi et vit et reconnut de Mouy ; tous deux demeurèrent stupéfaits.

— Maintenant que vous voilà rassuré, à ce que j'espère du moins, dit Marguerite, placez-vous à la porte de mon appartement, et, sur votre vie, mon cher La Mole, ne laissez entrer personne. S'il approche quelqu'un du palier même, avertissez.

La Mole, faible et obéissant comme un enfant, sortit en regardant Coconnas, qui le regardait aussi, et tous deux se trouvèrent dehors sans être bien revenus de leur ébahissement.

— De Mouy ! s'écria Coconnas.

— Henri ! murmura La Mole.

— De Mouy, avec ton manteau cerise, ta plume blanche et ton bras en balancier.

— Ah ! çà, mais... reprit La Mole, du moment qu'il ne s'agit pas d'amour, il s'agit certainement de complot.

— Ah ! mordi ! nous voilà dans la politique, dit Coconnas en grommelant. Heureusement que je ne vois point dans tout cela madame de Nevers.

Marguerite revint s'asseoir près des deux interlocuteurs ; sa disparition n'avait duré qu'une minute, et elle avait bien utilisé son temps. Gillonne, en védette au passage secret, les deux gentilshommes en faction à l'entrée principale, lui donnaient toute sécurité.

— Madame, dit Henri, croyez-vous qu'il soit possible, par un moyen quelconque, de nous écouter et de nous entendre?

— Monsieur, dit Marguerite, cette chambre est matelassée, et un double lambris me répond de son assourdissement.

— Je m'en rapporte à vous, répondit en souriant Henri.

Puis se retournant vers de Mouy :

— Voyons, dit le roi à voix basse et comme si, malgré l'assurance de Marguerite, ses craintes ne s'étaient pas entièrement dissipées, que venez-vous faire ici?

— Ici? dit de Mouy.

— Oui, ici, dans cette chambre, répéta Henri.

— Il n'y venait rien faire, dit Marguerite; c'est moi qui l'y ai attiré.

— Vous saviez donc?...

— J'ai deviné tout.

— Vous voyez bien, de Mouy, qu'on peut deviner.

— Monsieur de Mouy, continua Marguerite, était ce matin avec le duc François dans la chambre de deux de ses gentilshommes.

— Vous voyez bien, de Mouy, répéta Henri, qu'on sait tout.

— C'est vrai, dit de Mouy.

— J'en étais sûr, dit Henri, que M. d'Alençon s'était emparé de vous.

— C'est votre faute, Sire. Pourquoi avez-vous refusé si obstinément ce que je venais vous offrir?

— Vous avez refusé! s'écria Marguerite. Ce refus que je pressentais était donc réel?

— Madame, dit Henri secouant la tête, et toi, mon brave de Mouy, en vérité vous me faites rire avec vos exclamations. Quoi! un homme entre chez moi, me parle de trône, de révolte, de bouleversement, à moi, à moi Henri, prince toléré pourvu que je porte le front humble, huguenot épargné à la condition que je jouerai le catholique, et j'irais accepter quand ces propositions me sont faites dans une chambre non matelassée et sans double lambris! Ventre-saint-gris! vous êtes des enfants ou des fous!

— Mais, sire, Votre Majesté ne pouvait-elle me laisser quelque espérance, sinon par ses paroles; du moins par un geste, par un signe?

— Que vous a dit mon beau frère, de Mouy? demanda Henri.

— Oh, Sire! ceci n'est point mon secret.

— Eh! mon Dieu, reprit Henri avec une

certaine impatience d'avoir affaire à un homme qui comprenait si mal ses paroles, je ne vous demande pas quelles sont les propositions qu'il vous a faites, je vous demande seulement s'il écoutait, s'il a entendu.

— Il écoutait, Sire, et il a entendu.

— Il écoutait, et il a entendu! vous le dites vous-même, de Mouy. Pauvre conspirateur que vous êtes! si j'avais dit un mot, vous étiez perdu. Car, si je ne savais point, je me doutais, du moins, qu'il était là, et, sinon lui, quelque autre, le duc d'Anjou, Charles IX, la reine mère; vous ne connaissez pas les murs du Louvre, de Mouy; c'est pour eux qu'a été fait le proverbe que les murs ont des oreilles; et connaissant ces murs-là j'eusse parlé! Allons,

allons, de Mouy, vous faites peu d'honneur au bon sens du roi de Navarre, et je m'étonne que ne le mettant pas plus haut dans votre esprit, vous soyez venu lui offrir une couronne.

— Mais, Sire, reprit encore de Mouy, ne pouviez-vous, tout en refusant cette couronne, me faire un signe! Je n'aurais pas cru tout désespéré, tout perdu.

— Eh, ventre saint-gris! s'écria Henri, s'il écoutait, ne pouvait-il pas aussi bien voir, et n'est-on pas perdu par un signe comme par une parole! Tenez, de Mouy, continua le roi en regardant autour de lui, à cette heure, si près de vous que mes paroles ne franchissent pas le cercle de nos trois chaises, je crains encore d'être entendu quand je dis: De Mouy, répète-moi tes propositions.

— Mais, Sire, s'écria de Mouy au désespoir, maintenant je suis engagé avec M. d'Alençon.

Marguerite frappa l'une contre l'autre, et avec dépit, ses deux belles mains.

— Alors, il est donc trop tard ? dit-elle.

— Au contraire, murmura Henri, comprenez donc qu'en cela même la protection de Dieu est visible. Reste engagé, de Mouy, car ce duc François c'est notre salut à tous. Crois-tu donc que le roi de Navarre garantirait vos têtes ? au contraire, malheureux ! Je vous fais tuer tous jusqu'au dernier, et cela sur le moindre soupçon. Mais un fils de France, c'est autre chose ; aie des preuves, de Mouy, demande des garanties ; mais, niais que tu es, tu te seras engagé de cœur, et une parole t'aura suffi.

— Oh, Sire ! s'écria de Mouy, c'est le désespoir de votre abandon, croyez-le bien, qui m'a jeté dans les bras du duc; c'est aussi la crainte d'être trahi, car il tenait notre secret,

— Tiens donc le sien à ton tour, de Mouy, cela dépend de toi. Que désire-t-il ? Être roi de Navarre ! Promets-lui la couronne. Que veut-il? Quitter la cour? Fournis-lui les moyens de fuir, travaille pour lui, de Mouy, comme si tu travaillais pour moi, dirige le bouclier pour qu'il pare tous les coups qu'on nous portera. Quand il faudra fuir, nous fuirons à deux; quand il faudra combattre et régner, je régnerai seul.

— Défiez-vous du duc, dit Marguerite, c'est un esprit sombre et pénétrant, sans haine comme sans amitié, toujours prêt à traiter ses amis en ennemis et ses ennemis en amis.

— Et, dit Henri, il vous attend, de Mouy ?

— Oui, Sire.

— Où cela ?

— Dans la chambre de ses deux gentils-hommes.

— A quelle heure ?

— Jusqu'à minuit.

— Pas encore onze heures, dit Henri ; il n'y a point de temps perdu, allez, de Mouy.

— Nous avons votre parole, Monsieur, dit Marguerite.

— Allons donc, Madame, dit Henri avec cette confiance qu'il savait si bien montrer avec certaines personnes et dans certaines occasions, avec M. de Mouy ces choses-là ne se demandent même point.

— Vous avez raison, Sire, répondit le jeune homme; mais moi j'ai besoin de la vôtre, car il faut que je dise aux chefs que je l'ai reçue. Vous n'êtes point catholique, n'est-ce pas?

Henri haussa les épaules.

— Vous ne renoncez pas à la royauté de Navarre?

— Je ne renonce à aucune royauté, de Mouy; seulement, je me réserve de choisir la meilleure, c'est-à-dire celle qui sera le plus à ma convenance et à la vôtre.

— Et si, en attendant, Votre Majesté était arrêtée, Votre Majesté promet-elle de ne rien révéler, au cas même où l'on violerait par la torture la majesté royale?

— De Mouy, je le jure sur Dieu.

— Un mot, Sire. Comment vous reverrai-je?

— Vous aurez, dès demain, une clé de ma chambre; vous y entrerez, de Mouy, autant de fois qu'il sera nécessaire et aux heures que vous voudrez. Ce sera au duc d'Alençon de répondre de votre présence au Louvre. En attendant, remontez par le petit escalier; je vous servirai de guide. Pendant ce temps-là, la reine fera entrer ici le manteau rouge, pareil au vôtre, qui était tout à l'heure dans l'antichambre. Il ne faut pas qu'on fasse une différence entre les deux et qu'on sache que vous êtes double, n'est-ce pas, de Mouy? n'est-ce pas, Madame?

Henri prononça ces derniers mots en riant et en regardant Marguerite.

— Oui, dit-elle sans s'émouvoir ; car enfin, ce monsieur de La Mole est au duc mon frère.

— Eh bien, tâchez de nous le gagner, Madame, dit Henri avec un sérieux parfait. N'épargnez ni l'or ni les promesses. Je mets tous mes trésors à sa disposition.

— Alors, dit Marguerite avec un de ces sourires qui n'appartiennent qu'aux femmes de Boccace; puisque tel est votre désir, je ferai de mon mieux pour le seconder.

— Bien, bien, Madame ; et vous, de Mouy, retournez vers le duc et enferrez-le.

VIII

Margarita,

Pendant la conversation que nous venons de rapporter, La Mole et Coconnas montaient leur faction; La Mole un peu chagrin, Coconnas un peu inquiet.

C'est que La Mole avait eu le temps de réfléchir et que Coconnas l'y avait merveilleusement aidé.

— Que penses-tu de tout cela, notre ami? avait demandé La Mole à Coconnas.

— Je pense, avait répondu le Piémontais, qu'il y a dans tout cela quelque intrigue de cour.

— Et, le cas échéant, es-tu disposé à jouer un rôle dans cette intrigue?

— Mon cher, répondit Coconnas, écoute bien ce que je te vais dire et tâche d'en faire ton profit. Dans toutes ces menées princières, dans toutes ces machinations royales, nous ne pouvons et surtout nous ne devons passer que comme des ombres : où le roi de Navarre laissera un morceau de sa plume et le duc d'Alençon un pan de son manteau nous laisserons notre vie, nous. La reine a un caprice pour toi et toi une fantaisie pour elle, rien de mieux. Perds la tête en amour.

mon cher, mais ne la perds pas en politique.

C'était un sage conseil. Aussi fut-il écouté par La Mole avec la tristesse d'un homme qui sent que, placé entre la raison et la folie, c'est la folie qu'il va suivre.

— Je n'ai point une fantaisie pour la reine, Annibal, je l'aime ; et, malheureusement ou heureusement, je l'aime de toute mon âme. C'est de la folie, me diras-tu. Je l'admets, je suis fou. Mais toi qui es un sage, Coconnas, tu ne dois pas souffrir de mes sottises et de mon infortune. Va-t'en retrouver notre maître et ne te compromets pas.

Coconnas réfléchit un instant, puis relevant la tête :

— Mon cher, répondit-il, tout ce que tu dis là est parfaitement juste, tu es amoureux, agis en amoureux. — Moi je suis ambitieux et je pense en cette qualité que la vie vaut mieux qu'un baiser de femme. Quand je risquerai ma vie je ferai mes conditions. Toi, de ton côté, pauvre Médor, tâche de faire les tiennes.

Et sur ce Coconnas tendit la main à La Mole, et partit après avoir échangé avec son compagnon un dernier regard et un dernier sourire.

Il y avait dix minutes à peu près qu'il avait quitté son poste lorsque la porte s'ouvrit et que Marguerite, paraissant avec précaution, vint prendre La Mole par la main, et, sans dire une seule parole, l'attira du corridor au plus profond de son appartement, fermant elle-même les portes avec un soin qui indiquait l'importance de la conférence qui allait avoir lieu.

Arrivée dans la chambre, elle s'arrêta, s'assit sur sa chaise d'ébène, et attirant La Mole à elle en enfermant ses deux mains dans les siennes :

— Maintenant que nous sommes seuls, lui dit-elle, causons sérieusement, mon grand ami.

— Sérieusement, Madame ? dit La Mole.

— Ou amoureusement... voyons ! cela vous va-t-il mieux ? il peut y avoir des choses sérieuses dans l'amour et surtout dans l'amour d'une reine.

— Causons alors... de ces choses sérieuses, mais à la condition que Votre Majesté ne se fâchera pas des choses folles que je vais lui dire.

— Je ne me fâcherai que d'une chose. La Mole, c'est si vous m'appelez madame ou Majesté. Pour vous, très cher, je suis seulement Marguerite.

— Oui, Marguerite! oui, Margarita! oui, ma perle! dit le jeune homme en dévorant la reine de son regard.

— Bien comme cela, dit Marguerite; ainsi vous êtes jaloux, mon beau gentilhomme?

— Oh! à en perdre la raison.

— Encore!...

— A en devenir fou, Marguerite.

— Et jaloux de qui ; voyons ?

— De tout le monde.

— Mais enfin ?

— Du roi d'abord.

— Je croyais qu'après ce que vous avez vu et entendu, vous pouviez être tranquille de ce côté-là.

— De ce M. de Mouy que j'ai vu ce matin pour la première fois, et que je trouve ce soir si avant dans votre intimité.

— De M. de Mouy ?

— Oui.

— Et qui vous donne ces soupçons sur M. de Mouy ?

— Écoutez... je l'ai reconnu à sa taille, à la couleur de ses cheveux, à un sentiment naturel de haine, c'est lui qui ce matin était chez M. d'Alençon.

— Et bien! quel rapport cela a-t-il avec moi?

— M. d'Alençon est votre frère; on dit que vous l'aimez beaucoup; vous lui aurez conté une vague pensée de votre cœur; et lui, selon l'habitude de la cour, il aura favorisé votre désir en introduisant près de vous M. de Mouy. Maintenant, comment ai-je été assez heureux pour que le roi se trouvât là en même temps que lui; c'est ce que je ne puis savoir; mais en tout cas, Madame, soyez franche avec moi; à défaut d'un autre sentiment, un amour comme le mien a bien le droit d'exiger la franchise en retour.

Voyez, je me prosterne à vos pieds. Si ce que vous avez éprouvé pour moi n'est que le caprice d'un moment, je vous rends votre foi, votre promesse, votre amour, je rends à M. d'Alençon ses bonnes grâces et ma charge de gentilhomme, et je vais me faire tuer au siège de la Rochelle, si toutefois l'amour ne m'a pas tué avant que je puisse arriver jusque-là.

Marguerite écouta en souriant ces paroles pleines de charme, et suivit des yeux cette action pleine de grâces; puis penchant sa belle tête rêveuse sur sa main brûlante :

— Vous m'aimez ? dit-elle.

— Oh, Madame! plus que ma vie, plus que mon salut, plus que tout ; mais vous, vous... vous ne m'aimez pas.

— Pauvre fou! murmura-t-elle.

— Eh! oui, Madame, s'écria La Mole toujours à ses pieds, je vous ai dit que je l'étais.

— La première affaire de votre vie est donc votre amour, cher La Mole?

— C'est la seule, Madame, c'est l'unique.

— Eh bien! soit; je ne ferai de tout le reste qu'un accessoire de cet amour. Vous m'aimez; vous voulez demeurer près de moi?

— Ma seule prière à Dieu est qu'il ne m'éloigne jamais de vous.

— Eh bien! vous ne me quitterez pas; j'ai besoin de vous, La Mole.

— Vous avez besoin de moi, le soleil a besoin du ver luisant !

— Si je vous dis que je vous aime, me serez-vous entièrement dévoué ?

— Eh ! ne le suis-je point déjà ! Madame, et tout entier ?

— Oui — mais vous doutez encore, Dieu me pardonne !

— Oh ! j'ai tort, je suis ingrat — ou plutôt, comme je vous l'ai dit et comme vous l'avez répété, je suis un fou. Mais pourquoi M. de Mouy était-il chez vous ce soir ? pourquoi l'ai-je vu ce matin chez M. le duc d'Alençon ? pourquoi ce manteau cerise, cette plume blanche, cette affectation d'imiter ma tournure ?... Ah, Madame ! ce n'est pas vous que je soupçonne, c'est votre frère.

— Malheureux, dit Marguerite, malheureux qui croit que le duc François pousse la complaisance jusqu'à introduire un soupirant chez sa sœur! Insensé qui se dit jaloux et qui n'a pas deviné! savez-vous, La Mole, que le duc d'Alençon demain vous tuerait de sa propre épée, s'il savait que vous êtes là, ce soir, à mes genoux, et qu'au lieu de vous chasser de cette place je vous dis : restez là, comme vous êtes, La Mole ; car je vous aime, mon beau gentilhomme : entendez-vous, je vous aime! — Eh bien, oui, je vous le répète, il vous tuerait !

— Grand Dieu! s'écria La Mole en se renversant en arrière et en regardant Marguerite avec effroi, serait-il possible !

— Tout est possible, ami, en notre temps et dans cette cour. Maintenant, un seul mot :

ce n'était pas pour moi que M. de Mouy, revêtu de votre manteau, le visage caché sous votre feutre, venait au Louvre. C'était pour M. d'Alençon. Mais moi, je n'étais pas prévenue, je l'ai pris pour vous; je l'ai amené ici, croyant que c'était vous. Il tient notre secret, La Mole, il faut donc le ménager.

— J'aime mieux le tuer, dit La Mole, c'est plus court et c'est plus sûr.

— Et moi, mon brave gentilhomme, dit la reine, j'aime mieux qu'il vive, et que vous sachiez tout, car sa vie nous est non-seulement utile, mais nécessaire. Écoutez et pesez bien vos paroles avant de me répondre : m'aimez-vous assez, La Mole, pour vous réjouir, si je devenais véritablement reine, c'est-à-dire maîtresse d'un véritable royaume ?

— Hélas, Madame! je vous aime assez pour désirer ce que vous désirez, ce désir dut-il faire le malheur de toute ma vie!

— Eh bien! voulez-vous m'aider à réaliser ce désir, qui vous rendra plus heureux encore?

— Oh! je vous perdrai, Madame! s'écria La Mole en cachant sa tête dans ses mains.

— Non pas, au contraire; au lieu d'être le premier de mes serviteurs, vous deviendrez le premier de mes sujets. Voilà tout.

— Oh! pas d'intérêt... pas d'ambition, Madame... ne souillez pas vous-même le sentiment que j'ai pour vous... du dévouement, rien que du dévouement!

— Noble nature ! dit Marguerite. Eh bien, oui, je l'accepte, ton dévouement, et je saurai le reconnaître.

Et elle lui tendit ses deux mains, que La Mole couvrit de baisers.

— Eh bien ? dit-elle.

— Eh bien, oui ! répondit La Mole. Oui, Marguerite ; je commence à comprendre ce vague projet dont on parlait déjà chez nous autres huguenots avant la Saint-Barthélemy, ce projet, pour l'exécution duquel, comme tant d'autres plus dignes que moi, j'avais été mandé à Paris. Cette royauté réelle de Navarre qui devait remplacer une royauté fictive, vous la convoitez: le roi Henri vous y pousse. De Mouy conspire avec vous, n'est-ce pas ? Mais le duc d'Alençon, que fait-il dans toute cette affaire? Où y a-t-il un trône pour lui dans tout cela? Je n'en vois point. Or le duc d'Alençon est-il assez votre... ami pour vous aider dans tout cela, et sans rien exiger en échange du danger qu'il court?

— Le duc, ami, conspire pour son compte. Laissons-le s'égarer : sa vie nous répond de la nôtre.

— Mais, moi, moi qui suis à lui, puis-je le trahir?

— Le trahir! et en quoi le trahirez-vous? Que vous a-t-il confié? N'est-ce pas lui qui vous a trahi, en donnant à de Mouy votre manteau et votre chapeau, comme un moyen de pénétrer jusqu'à lui? Vous êtes à lui, dites-vous. N'étiez-vous pas à moi, mon gentilhomme, avant d'être à lui? Vous a-t-il donné une plus grande preuve d'amitié, que la preuve d'amour que vous tenez de moi?

La Mole se releva pâle et comme foudroyé.

— Oh! murmura-t-il, Coconnas me le disait bien. L'intrigue m'enveloppe dans ses replis. Elle m'étouffera.

— Eh bien? demanda Marguerite.

— Eh bien! dit La Mole, voici ma réponse! On prétend, et je l'ai entendu dire à l'autre extrémité de la France, où votre nom si illustre, votre réputation de beauté si universelle m'étaient venus comme un vague désir de l'inconnu effleurer le cœur; on prétend que vous avez aimé quelquefois, et que votre amour a toujours été fatal aux objets de votre amour, si bien que la mort, jalouse sans doute, vous a presque toujours enlevé vos amants.

— La Mole !...

— Ne m'interrompez pas, ô ma Margarita chérie ! car on ajoute aussi que vous conservez dans des boîtes d'or les cœurs de ces fidèles amis *, et que parfois vous donnez à ces tristes restes un souvenir mélancolique, un regard pieux. Vous soupirez, ma reine, vos

---

* Elle portait un grand vertugadin qui avait des pochettes tout autour, en chacune desquelles elle mettait une boîte où était le cœur d'un de ses amants trépassés, car elle était soigneuse, à mesure qu'ils mouraient, d'en faire embaumer le cœur. Ce vertugadin se pendait tous les soirs à un crochet qui fermait à cadenas derrière le dossier de son lit.

(TALLEMANT DES RÉAUX, *Histoire de Marguerite de de Valois*)

yeux se voilent, c'est vrai. Eh bien ! faites de moi le plus aimé et le plus heureux de vos favoris. Des autres vous avez percé le cœur, et vous gardez ce cœur ; de moi, vous faites plus, vous exposez ma tête... Eh bien, Marguerite ! jurez-moi devant l'image de ce Dieu qui m'a sauvé la vie ici-même ; jurez-moi que si je meurs pour vous, comme un sombre pressentiment me l'annonce, jurez-moi que vous garderez, pour y appuyer quelquefois vos lèvres, cette tête que le bourreau aura séparée de mon corps ; jurez, Marguerite, et la promesse d'une telle récompense, faite par ma reine, me rendra muet, traître et lâche au besoin ; c'est-à-dire tout dévoué, comme doit l'être votre amant et votre complice.

— O lugubre folie, ma chère âme ! dit Marguerite ; ô fatale pensée, mon doux amour !

— Jurez...

— Que je jure?

—Oui, sur ce coffret d'argent que surmonte une croix. Jurez.

— Eh bien! dit Marguerite, si, ce qu'à Dieu ne plaise! tes sombres pressentiments se réalisaient, mon beau gentilhomme, sur cette croix, je te le jure, tu seras près de moi, vivant ou mort, tant que je vivrai moi-même; et si je ne puis te sauver dans le péril où tu te jettes pour moi, pour moi seule, je le sais, je donnerai du moins à ta pauvre âme la consolation que tu demandes et que tu auras si bien méritée.

— Un mot encore, Marguerite. Je puis mourir maintenant, me voilà rassuré sur ma mort; mais aussi je puis vivre, nous pouvons réussir : le roi de Navarre peut être roi, vous pouvez être reine, alors le roi vous emmènera ; ce vœu de séparation fait entre vous se rompra un jour et amènera la nôtre. Allons, Marguerite, chère Marguerite bien-aimée, d'un mot vous m'avez rassuré sur ma mort, d'un mot maintenant rassurez-moi sur ma vie.

— Oh! ne crains rien, je suis à toi corps et âme, s'écria Marguerite en étendant de nouveau la main sur la croix du petit coffre : si je pars, tu me suivras ; et si le roi refuse de t'emmener, c'est moi alors qui ne partirai pas.

— Mais, vous n'oserez résister !

— Mon Hyacinthe bien-aimé, dit Marguerite, tu ne connais pas Henri : Henri ne songe en ce moment qu'à une chose, c'est à être roi ; et à ce désir il sacrifierait en ce moment tout ce qu'il possède, et à plus forte raison ce qu'il ne possède pas. Adieu.

— Madame, dit en souriant La Mole, vous me renvoyez ?

— Il est tard, dit Marguerite.

— Sans doute ; mais où voulez-vous que j'aille ? M. de Mouy est dans ma chambre avec M. le duc d'Alençon.

— Ah ! c'est juste, dit Marguerite avec un adorable sourire. D'ailleurs, j'ai encore beaucoup de choses à vous dire à propos de cette conspiration.

A dater de cette nuit, La Mole ne fut plus un favori vulgaire, et il put porter haut la tête à laquelle, vivante ou morte, était réservé un si doux avenir.

Cependant, parfois son front pesant s'inclinait vers la terre; sa joue pâlissait, et l'austère méditation creusait son sillon entre les sourcils du jeune homme, si gai autrefois, si heureux maintenant !

IX

La main de Dieu.

Henri avait dit à Madame de Sauve en la quittant :

— Mettez-vous au lit, Charlotte. Feignez d'être gravement malade, et sous aucun prétexte demain de toute la journée ne recevez personne.

Charlotte obéit sans se rendre compte du

motif qu'avait le roi de lui faire cette recommandation. Mais elle commençait à s'habituer à ses excentricités, comme on dirait de nos jours, et à ses fantaisies, comme on disait alors.

D'ailleurs elle savait que Henri renfermait, dans son cœur, des secrets qu'il ne disait à personne; dans sa pensée, des projets qu'il craignait de révéler même dans ses rêves : de sorte qu'elle se faisait obéissante à toutes ses volontés, certaine que ses idées les plus étranges avaient un but.

Le soir même elle se plaignit donc à Dariole d'une grande lourdeur de tête accompagnée d'éblouissements. C'étaient les symptômes que Henri lui avait recommandé d'accuser.

Le lendemain elle feignit de se vouloir lever, mais à peine eût-elle posé un pied sur le parquet qu'elle se plaignit d'une faiblesse générale et qu'elle se recoucha.

Cette indisposition, que Henri avait déjà annoncée au duc d'Alençon, fut la première nouvelle que l'on apprit à Catherine lorsqu'elle demanda, d'un air tranquille, pourquoi la Sauve ne paraissait pas comme d'habitude à son lever.

— Malade ! répondit Madame de Lorraine qui se trouvait là.

— Malade, répéta Catherine sans qu'un muscle de son visage dénonçât l'intérêt qu'elle prenait à sa réponse. — Quelque fatigue de paresseuse.

— Non pas, Madame, reprit la princesse.

Elle se plaint d'un violent mal de tête et d'une faiblesse qui l'empêche de marcher.

Catherine ne répondit rien ; mais, pour cacher sa joie, sans doute, elle se retourna vers la fenêtre, et voyant Henri qui traversait la cour à la suite de son entretien avec de Mouy elle se leva pour le mieux regarder, et, poussée par cette conscience qui bouillonne toujours, quoique invisiblement, au fond des cœurs les plus endurcis au crime :

— Ne semblerait-il pas, demanda-t-elle à son capitaine des gardes, que mon fils Henri est plus pâle ce matin que d'habitude !

Il n'en était rien ; Henri était fort inquiet d'esprit, mais fort sain de corps.

Peu à peu les personnes qui assistaient d'habitude au lever de la reine-mère se retirèrent; trois ou quatre restaient plus familières que les autres, Catherine impatiente les congédia en disant qu'elle voulait rester seule.

Lorsque le dernier courtisan fut sorti, Catherine ferma la porte derrière lui et allant à une armoire secrète, cachée dans l'un des panneaux de sa chambre, elle en fit glisser la porte dans une rainure de la boiserie et en tira un livre dont les feuillets froissés annonçaient les fréquents services.

Elle posa le livre sur une table, l'ouvrit à l'aide d'un signet, appuya son coude sur la table et sa tête sur sa main.

— C'est bien cela, murmura-t-elle tout en

lisant ; mal de tête, faiblesse générale, douleurs d'yeux, enflure du palais. On n'a encore parlé que des maux de tête et de la faiblesse... les autres symptômes ne se feront pas attendre.

Elle continua :

Puis l'inflammation gagne la gorge, s'étend à l'estomac, enveloppe le cœur comme d'un cercle de feu et fait éclater le cerveau comme un coup de foudre.

Elle relut tout bas ; puis elle continua encore, mais à demi voix :

— Pour la fièvre six heures, pour l'inflammation générale douze heures, pour la gangrène douze heures, pour l'agonie six heures ; en tout trente-six heures.

Maintenant supposons que l'absorption soit plus lente que l'inglutition, et au lieu de trente-six heures nous en aurons quarante, quarante-huit même; oui, quarante-huit heures doivent suffire. Mais lui, lui Henri, comment est-il encore debout? Parce qu'il est homme, parce qu'il est d'un tempérament robuste, parce que peut-être il aura bu après l'avoir embrassée et se sera essuyé les lèvres après avoir bu.

Catherine attendit l'heure du dîner avec impatience. Henri dînait tous les jours à la table du roi. Il vint, se plaignit à son tour d'élancements au cerveau, ne mangea point, et se retira aussitôt après le repas en disant qu'ayant veillé une partie de la nuit passée, il éprouvait un pressant besoin de dormir.

Catherine écouta s'éloigner le pas chancelant de Henri et le fit suivre. On lui rapporta que le roi de Navarre avait pris le chemin de la chambre de madame de Sauve.

— Henri, se dit-elle, va achever près d'elle ce soir l'œuvre d'une mort qu'un hasard malheureux a peut-être laissée incomplète.

Le roi de Navarre était en effet allé chez Madame de Sauve, mais c'était pour lui dire de continuer à jouer son rôle.

Le lendemain, Henri ne sortit point de sa chambre pendant toute la matinée et il ne parut point au dîner du roi. Madame de Sauve, disait-on, allait de plus mal en plus mal, et le bruit de la maladie de Henri, répandu par Catherine elle-même, courait comme un de ces pressentiments dont personne n'explique la cause mais qui passent dans l'air.

Catherine s'applaudissait : dès la veille au matin elle avait éloigné Ambroise Paré pour aller porter des secours à un de ses valets de chambre favoris malade, à Saint-Germain.

Il fallait alors que ce fût un homme à elle que l'on appelât chez Madame de Sauve et chez Henri ; et cet homme ne dirait que ce qu'elle voudrait qu'il dît. Si contre toute attente quelque autre docteur se trouvait mêlé là-dedans, et si quelque déclaration de poison venait épouvanter cette cour où avaient déjà retenti tant de déclarations pareilles, elle comptait fort sur le bruit que faisait la jalousie de Marguerite à l'endroit des amours de son mari. On se rappelle qu'à tout hasard elle avait fort parlé de cette jalousie qui avait éclaté en plusieurs circonstances et entre autres à la promenade de l'aubépine, où elle avait dit à sa fille en présence de plusieurs personnes :

— Vous êtes donc bien jalouse, Marguerite !

Elle attendait donc avec un visage composé le moment où la porte s'ouvrirait, et où quelque serviteur tout pâle et tout effaré entrerait en criant :

— Majesté, le roi de Navarre se meurt et Madame de Sauve est morte !

Quatre heures du soir sonnèrent, Catherine achevait son goûter dans la volière où elle émiettait des biscuits à quelques oiseaux rares qu'elle nourrissait de sa propre main. Quoique son visage comme toujours fût calme et même morne, son cœur battait violemment au moindre bruit.

La porte s'ouvrit tout-à-coup.

— Madame, dit le capitaine des gardes, le roi de Navarre est...

— Malade? interrompit vivement Catherine.

— Non, Madame, Dieu merci! et Sa Majesté semble se porter à merveille.

— Que dites-vous donc alors ?

— Que le roi de Navarre est là.

— Que me veut-il?

— Il apporte à Votre Majesté un petit singe de l'espèce la plus rare.

En ce moment Henri entra tenant une corbeille à la main et caressant un ouistiti couché dans cette corbeille.

Henri souriait en entrant et paraissait tout entier au charmant petit animal qu'il apportait; mais, si préoccupé qu'il parût, il n'en perdit point cependant ce premier coup-d'œil qui lui suffisait dans les circonstances difficiles. Quant à Catherine, elle était fort pâle, d'une pâleur qui croissait au fur et à mesure qu'elle voyait sur les joues du jeune homme qui s'approchait d'elle circuler le vermillon de la santé.

La reine-mère fut étourdie à ce coup. Elle accepta machinalement le présent de Henri, se troubla, lui fit compliment sur sa bonne mine, et ajouta :

— Je suis d'autant plus aise de vous voir si bien portant, mon fils, que j'avais entendu dire que vous étiez malade et que, si je me le rappelle bien, vous vous êtes plaint en ma présence d'une indisposition ; mais je comprends maintenant, ajouta-t-elle en essayant de sourire : c'était quelque prétexte pour vous rendre libre.

— J'ai été fort malade en effet, Madame, répondit Henri, mais un spécifique usité dans nos montagnes, et qui me vient de ma mère, a guéri cette indisposition.

— Ah ! vous m'apprendrez la recette, n'est-ce pas, Henri? dit Catherine en souriant cette fois véritablement, mais avec une ironie qu'elle ne put déguiser.

Quelque contre-poison, murmura-t-elle ; nous aviserons à cela, ou plutôt, non. Voyant madame de Sauve malade, il se sera défié. En vérité, c'est à croire que la main de Dieu est étendue sur cet homme.

Catherine attendit impatiemment la nuit. Madame de Sauve ne parut point. Au jeu, elle en demanda des nouvelles; on lui répondit qu'elle était de plus en plus souffrante. Toute la soirée elle fut inquiète, et l'on se demandait avec anxiété quelles étaient les pensées qui pouvaient agiter ce visage d'ordinaire si immobile.

Tout le monde se retira. Catherine se fit coucher et déshabiller par ses femmes; puis, quand tout le monde fut couché dans le Louvre, elle se releva, passa une longue robe de chambre noire, prit une lampe, choisit parmi toutes ses clés celle qui ouvrait la porte de Madame de Sauve, et monta chez sa dame d'honneur.

Henri avait-il prévu cette visite, était-il occupé chez lui, était-il caché quelque part, toujours est-il que la jeune femme était seule.

Catherine ouvrit la porte avec précaution, traversa l'antichambre entra dans le salon, déposa sa lampe sur un meuble, car une veilleuse brûlait près de la malade, et, comme une ombre, elle se glissa dans la chambre à coucher.

Dariole, étendue dans un grand fauteuil, dormait près du lit de sa maîtresse.

Ce lit était entièrement fermé par les rideaux.

La respiration de la jeune femme était si légère, qu'un instant Catherine pensa qu'elle ne respirait plus.

Enfin elle entendit un léger souffle, et,

avec une joie maligne, elle vint lever le rideau afin de constater par elle-même l'effet du terrible poison, tressaillant d'avance à l'aspect de cette livide pâleur ou de cette dévorante pourpre d'une fièvre mortelle qu'elle espérait ; mais, au lieu de tout cela, calme, les yeux doucement clos par leurs blanches paupières, la bouche rose et entr'ouverte, sa joue moite doucement appuyée sur un de ses bras gracieusement arrondis, tandis que l'autre, frais et nacré, s'allongeait sur le damas cramoisi qui lui servait de couverture, la belle jeune femme dormait presque rieuse encore. Car sans doute quelque songe charmant faisait éclore sur ses lèvres le sourire, et sur sa joue ce coloris d'un bien-être que rien ne trouble.

Catherine ne put s'empêcher de pousser un cri de surprise, qui réveilla pour un instant Dariole.

La reine mère se jeta derrière les rideaux du lit.

Dariole ouvrit les yeux ; mais, accablée de sommeil, sans même chercher dans son esprit engourdi la cause de son réveil, la jeune fille laissa retomber sa lourde paupière et se rendormit.

Catherine, alors, sortit de dessous son rideau, et tournant son regard vers les autres points de l'appartement, elle vit sur une petite table un flacon de vin d'Espagne, des fruits, des pâtes sucrées et deux verres. Henri avait dû venir souper chez la baronne, qui visiblement se portait aussi bien que lui.

Aussitôt Catherine, marchant à sa toilette, y prit la petite boîte d'argent au tiers vide. C'était exactement la même où tout au moins la pareille de celle qu'elle avait fait remettre à Charlotte. Elle en enleva une parcelle de la grosseur d'une perle sur le bout d'une aiguille d'or, rentra chez elle, la présenta au petit singe que lui avait donné Henri le soir même. L'animal, affriandé par l'odeur aromatique, la dévora avidement et, s'arrondissant dans sa corbeille, se rendormit. Catherine attendit un quart-d'heure.

— Avec la moitié de ce qu'il vient de manger là, dit Catherine, mon chien Brunot est mort enflé en une minute. On m'a jouée. Est-ce René? René! C'est impossible. Alors c'est donc Henri : ô fatalité ! c'est clair, puisqu'il doit régner, il ne peut pas mourir.

Mais peut-être n'y a-t-il que le poison qui soit impuissant; nous verrons bien en essayant du fer.

Et Catherine se coucha en tordant dans son esprit une nouvelle pensée qui se trouva sans doute complète le lendemain; car, le lendemain, elle appela son capitaine des gardes, lui remit une lettre, lui ordonna de la porter à son adresse, et de ne la remettre qu'aux propres mains de celui à qui elle était adressée.

Elle était adressée au sire de Louviers de Maurevel, capitaine des pétardiers du roi, rue de la Cerisaie, près de l'Arsenal.

X

La lettre de Rome.

Quelques jours s'étaient écoulées depuis les évènements que nous venons de raconter, lorsqu'un matin une litière escortée de plusieurs gentilshommes aux couleurs de M. de Guise entra au Louvre, et que l'on vint annoncer à la reine de Navarre que madame la duchesse de Nevers sollicitait l'honneur de lui faire sa cour.

Marguerite recevait la visite de madame de Sauve. C'était la première fois que la belle baronne sortait depuis sa prétendue maladie. Elle avait su que la reine avait manifesté à son mari une grande inquiétude de cette indisposition, qui avait été pendant près d'une semaine le bruit de la cour, et elle venait la remercier.

Marguerite la félicitait sur sa convalescence et sur le bonheur qu'elle avait eu d'échapper à l'accès subit de ce mal étrange dont, en sa qualité de fille de France, elle ne pouvait manquer d'apprécier toute la gravité.

— Vous viendrez, j'espère, à cette grande chasse déjà remise une fois, demanda Marguerite, et qui doit avoir lieu définitivement demain. Le temps est doux pour un temps d'hiver. Le soleil a rendu la terre plus molle, et tous nos chasseurs prétendent que ce sera un jour des plus favorables.

— Mais, Madame, dit la baronne, je ne sais si je serai assez bien remise.

— Bah! reprit Marguerite, vous ferez un effort; puis, comme je suis une guerrière, moi, j'ai autorisé le roi à disposer d'un petit cheval de Béarn que je devais monter et qui vous portera à merveille. N'en avez-vous point encore entendu parler?

— Si fait, Madame, mais j'ignorais que ce petit cheval eût été destiné à l'honneur d'être offert à Votre Majesté : sans cela, je ne l'eusse point accepté.

— Par orgueil, baronne?

— Non, Madame, tout au contraire, par humilité.

— Donc vous viendrez?

— Votre Majesté me comble d'honneur. Je viendrai puisqu'elle l'ordonne.

Ce fut en ce moment qu'on annonça madame la duchesse de Nevers. A ce nom Marguerite laissa échapper un tel mouvement de joie, que la baronne comprit que les deux femmes avaient à causer ensemble, et elle se leva pour se retirer.

— A demain donc, dit Marguerite.

— A demain, Madame.

— A propos! vous savez, baronne, continua Marguerite en la congédiant de la main, qu'en public je vous déteste, attendu que je suis horriblement jalouse.

— Mais en particulier? demanda Madame de Sauve.

— Oh! en particulier, non-seulement je vous pardonne, mais encore je vous remercie.

— Alors, Votre Majesté permettra...

Marguerite lui tendit la main : la baronne la baisa avec respect, fit une révérence profonde et sortit.

Tandis que Madame de Sauve remontait son escalier, bondissant comme un chevreau dont on a rompu l'attache, Madame de Nevers échangeait avec la reine quelques saluts cérémonieux qui donnèrent le temps aux gentilshommes qui l'avaient accompagnée jusque-là de se retirer.

— Gillonne, cria Marguerite lorsque la porte se fut refermée sur le dernier, Gillonne, fais que personne ne nous interrompe.

— Oui, dit la duchesse, car nous avons à parler d'affaires tout à fait graves.

Et, prenant un siége, elle s'assit sans façon, certaine que personne ne viendrait déranger cette intimité convenue entre elle et la reine de Navarre, prenant sa meilleure place du feu et du soleil.

— Eh bien, dit Marguerite avec un sourire, notre fameux massacreur, qu'en faisons-nous ?

— Ma chère reine, dit la duchesse, c'est

sur mon âme un être mythologique. Il est incomparable en esprit et ne tarit jamais. Il a des saillies qui feraient pâmer de rire un saint dans sa châsse. Au demeurant, c'est le plus furieux païen qui ait jamais été cousu dans la peau d'un catholique. J'en raffole ; et toi, que fais-tu de ton Apollo?

— Hélas ! fit Marguerite avec un soupir.

— Oh ! oh ! que cet hélas ! m'effraie, chère reine ! est-il donc trop respectueux et trop sentimental, ce gentil La Mole ! Ce serait, je suis forcée de l'avouer, tout le contraire de son ami Coconnas.

— Mais non, il a ses moments, dit Marguerite, et cet hélas ! ne se rapporte qu'à moi.

— Que veut-il dire alors ?

— Il veut dire, chère duchesse, que j'ai une peur affreuse de l'aimer tout de bon.

— Vraiment ?

— Foi de Marguerite !

— Oh! tant mieux! La joyeuse vie que nous allons mener alors ! s'écria Henriette : aimer un peu, c'était mon rêve; aimer beaucoup, c'était le tien. C'est si doux, chère et docte reine, de se reposer l'esprit par le cœur, n'est-ce pas? et d'avoir après le délire, le sourire. Ah! Marguerite, j'ai le pressentiment que nous allons passer une bonne année.

— Crois-tu? dit la reine; moi tout au contraire, je ne sais pas comment cela se fait, je vois les choses à travers un crêpe. Toute cette politique me préoccupe affreusement. A propos, sache donc si ton Annibal est aussi dévoué à mon frère qu'il paraît l'être. Informe-toi de cela, c'est important.

— Lui, dévoué à quelqu'un ou à quelque chose! On voit bien que tu ne le connais pas comme moi. S'il se dévoue jamais à quelque chose, ce sera à son ambition et voilà tout. Ton frère est-il homme à lui faire de grandes promesses, oh! alors, très bien, il sera dévoué à ton frère; mais que ton frère, tout fils de France qu'il est, prenne garde de manquer aux promesses qu'il lui aura faites, ou sans cela, ma foi, gare à ton frère!

— Vraiment?

— C'est comme je te le dis. En vérité, Marguerite, il y a des moments où ce tigre que j'ai apprivoisé me fait peur à moi-même.

L'autre jour, je lui disais : Annibal, prenez-y garde, ne me trompez pas, car si vous me trompiez !... Je lui disais cependant cela avec mes yeux d'émeraude qui ont fait dire à Ronsard :

>La duchesse de Nevers
>Aux yeux verts,
>Qui, sous leur paupière blonde,
>Lancent sur nous plus d'éclairs
>Que ne font vingt Jupiters
>Dans les airs
>Lorsque la tempête gronde.

— Eh bien ?

— Eh bien ! je crus qu'il allait me répondre : Moi, vous tromper ! moi, jamais ! etc., etc. Sais-tu ce qu'il m'a répondu ?

— Non.

— Eh bien ! juge l'homme : Et vous, a-t-il répondu, si vous me trompiez, prenez garde aussi ; car, toute princesse que vous êtes... Et, en disant ces mots, il me menaçait, non-seulement des yeux, mais du doigt, de son doigt sec et pointu, muni d'un ongle taillé en fer de lance, et qu'il me mit presque sous le nez. En ce moment, ma pauvre reine, je te l'avoue, il avait une physionomie si peu rassurante, que j'en tressaille, et, tu le sais cependant, je ne suis pas trembleuse.

— Te menacer, toi, Henriette, il a osé ?

— Eh mordi ! je le menaçais bien, moi ! Au bout du compte, il a eu raison. Ainsi, tu vois, dévoué jusqu'à un certain point, ou plutôt jusqu'à un point très incertain.

— Alors, nous verrons, dit Marguerite

rêveuse, je parlerai à La Mole. Tu n'avais pas autre chose à me dire?

— Si fait : une chose des plus intéressantes et pour laquelle je suis venue. Mais, que veux-tu ! tu as été me parler de choses plus intéressantes encore. J'ai reçu des nouvelles.

— De Rome?

— Oui, un courrier de mon mari.

— Eh bien ! l'affaire de Pologne?

— Va à merveille, et tu vas probablement sous peu de jours être débarrassée de ton frère d'Anjou.

— Le pape a donc ratifié son élection?

— Oui, ma chère.

— Et tu ne me disais pas cela! s'écria Marguerite. Eh! vite, vite, des détails!

— Oh! ma foi, je n'en ai pas d'autres que ceux que je te transmets. D'ailleurs, attends, je vais te donner la lettre de M. de Nevers. Tiens, la voilà. Eh! non, non, ce sont des vers d'Annibal, des vers atroces, ma pauvre Marguerite; il n'en fait pas d'autres. Tiens, cette fois, voici. Non, pas encore ceci : c'est un billet de moi que j'ai apporté pour que tu le lui fasses passer par La Mole. Ah! enfin, cette fois, c'est la lettre en question.

Et Madame de Nevers remit la lettre à la reine.

Marguerite l'ouvrit vivement et la parcourut; mais effectivement elle ne disait rien autre chose que ce qu'elle avait déjà appris de la bouche de son amie.

— Et comment as-tu reçu cette lettre ? continua la reine.

— Par un courrier de mon mari qui avait ordre de toucher à l'hôtel de Guise avant d'aller au Louvre, et de me remettre cette lettre avant celle du roi. Je savais l'importance que ma reine attachait à cette nouvelle, et j'avais écrit à M. de Nevers d'en agir ainsi. Tu vois, il a obéi, lui ; ce n'est pas comme ce monstre de Coconnas. Maintenant il n'y a donc dans tout Paris que le roi, toi et moi qui sachions cette nouvelle ; à moins que l'homme qui suivait notre courrier...

— Quel homme ?

— Oh ! l'horrible métier ! Imagine-toi que ce malheureux messager est arrivé las, défait, poudreux ; il a couru sept jours, jour et nuit, sans s'arrêter un instant.

— Mais cet homme dont tu parlais tout à l'heure?

— Attends donc. Constamment suivi par un homme de mine farouche qui avait des relais comme lui, et courait aussi vite que lui pendant ces quatre cents lieues, ce pauvre courrier a toujours attendu quelque balle de pistolet dans les reins. Tous deux sont arrivés à la barrière Saint-Marcel en même temps, tous deux ont descendu la rue Mouffetard au grand galop; tous deux ont traversé la Cité. Mais au bout du pont Notre-Dame notre courrier a pris à droite, tandis que l'autre tournait à gauche par la place du Châtelet, et filait par les quais du côté du Louvre, comme un trait d'arbalète.

— Merci, ma bonne Henriette, merci, s'écria Marguerite. Tu avais raison, et voilà de bien intéressantes nouvelles. Pour qui cet autre courrier? Je le saurai. Mais laisse-moi. A ce soir, rue Tizon, n'est-ce pas! et à demain la chasse, et surtout prends un cheval bien méchant, pour qu'il s'emporte et que nous soyons seules. Je te dirai ce soir ce qu'il faut que tu tâches de savoir de ton Coconnas.

— Tu n'oublieras donc pas ma lettre? dit la duchesse de Nevers en riant.

— Non, non, sois tranquille il l'aura et à temps.

Madame de Nevers sortit, et aussitôt Marguerite envoya chercher Henri, qui accourut et auquel elle remit la lettre du duc de Nevers.

— Oh! oh! fit-il.

Puis Marguerite lui raconta l'histoire du double courrier.

— Au fait, dit Henri, je l'ai vu entrer au Louvre.

— Peut-être était-il pour la reine-mère?

— Non pas, j'en suis sûr; car j'ai été à tout hasard me placer dans le corridor et je n'ai vu passer personne.

— Alors, dit Marguerite en regardant son mari, il faut que ce soit...

— Pour votre frère d'Alençon, n'est-ce pas? dit Henri.

— Oui, mais comment le savoir?

— Ne pourrait-on, demanda Henri négligemment, envoyer chercher un de ces deux gentilshommes et savoir par lui...

— Vous avez raison, Sire ! dit Marguerite mise à son aise par la proposition de son mari, je vais envoyer chercher M. de La Mole. — Gillonne ! Gillonne !

La jeune fille parut.

— Il faut que je parle à l'instant même à M. de La Mole, lui dit la reine. Tâchez de me le trouver et amenez-le.

Gillonne partit. Henri s'assit devant une table sur laquelle était un livre allemand avec des gravures d'Albert Durer, qu'il se mit à regarder avec une si grande attention que, lorsque La Mole vint, il ne parut pas l'entendre et ne leva pas même la tête.

De son côté, le jeune homme voyant le roi chez Marguerite demeura debout sur le seuil de la chambre, muet de surprise et pâlissant d'inquiétude.

Marguerite alla à lui.

— Monsieur de La Mole, demanda-t-elle, pourriez-vous me dire qui est aujourd'hui de garde chez M. d'Alençon?

— Coconnas, Madame,... dit La Mole.

— Tâchez de me savoir de lui s'il a introduit chez son maître un homme couvert de boue, et paraissant avoir fait une longue route à franc étrier.

— Ah! Madame! je crains bien qu'il ne me le dise pas; depuis quelques jours il devient très taciturne.

— Vraiment! Mais en lui donnant ce billet, il me semble qu'il vous devra quelque chose en échange.

— De la duchesse!... oh! avec ce billet, j'essaierai!

— Ajoutez, dit Marguerite en baissant la voix, que ce billet lui servira de sauf-conduit pour entrer ce soir dans la maison que vous savez.

— Et moi, Madame, dit tout bas La Mole, quel sera le mien?

— Vous vous nommerez, et cela suffira.

— Donnez, Madame, donnez, dit La Mole tout palpitant d'amour, je vous réponds de tout.

Et il partit.

— Nous saurons demain si le duc d'Alençon est instruit de l'affaire de Pologne, dit tranquillement Marguerite en se retournant vers son mari.

— Ce M. de la Mole est véritablement un gentil serviteur, dit le Béarnais avec ce sourire qui n'appartenait qu'à lui ; et... par la messe ! je ferai sa fortune.

XI

Le départ.

Lorsque le lendemain un beau soleil rouge mais sans rayons, comme c'est l'habitude dans les jours privilégiés de l'hiver, se leva derrière les collines de Paris; tout depuis deux heures était déjà en mouvement dans la cour du Louvre.

Un magnifique barbe, nerveux quoique

élancé, aux jambes de cerf sur lesquelles les veines se croisaient comme un réseau, frappant du pied, dressant l'oreille et soufflant le feu par ses narines, attendait Charles IX dans la cour ; mais il était moins impatient encore que son maître retenu par Catherine, qui l'avait arrêté au passage pour lui parler, disait-elle, d'une affaire d'importance.

Tous deux étaient dans la galerie vitrée, Catherine froide, pâle et impassible comme toujours, Charles IX frémissant, rongeant ses ongles et fouettant ses deux chiens favoris revêtus de cuirasses de mailles pour que le boutoir du sanglier n'eût pas de prise sur eux et qu'ils pussent impunément affronter le terrible animal. Un petit écusson aux armes de France était cousu sur leur poitrine à peu près comme sur la poitrine des pages, qui plus d'une fois avaient envié les privilèges de ces bienheureux favoris.

— Faites-y bien attention, Charles, disait Catherine, nul que vous et moi ne sait encore l'arrivée prochaine des Polonais; cependant le roi de Navarre agit, Dieu me pardonne! comme s'il le savait. Malgré son abjuration, dont je me suis toujours défiée, il a des intelligences avec les huguenots. Avez-vous remarqué comme il sort souvent depuis quelques jours! Il a de l'argent, lui qui n'en a jamais eu; il achète des chevaux, des armes, et les jours de pluie, du matin au soir, il s'exerce à l'escrime.

— Eh! mon Dieu, ma mère! fit Charles IX impatienté, croyez-vous point qu'il ait l'intention de me tuer, moi ou mon frère d'Anjou. En ce cas, il lui faudra encore quelques leçons; car hier je lui ai compté avec mon fleuret onze boutonnières sur son pourpoint, qui n'en a cependant que six. Et quant à mon frère d'Anjou, vous savez qu'il tire encore mieux que moi ou tout aussi bien; à ce qu'il dit, du moins.

— Écoutez-donc, Charles, reprit Catherine, et ne traitez pas légèrement les choses que vous dit votre mère. Les ambassadeurs vont arriver, eh bien! vous verrez! une fois qu'ils seront à Paris, Henri fera tout ce qu'il pourra pour captiver leur attention. Il est insinuant, il est sournois, sans compter que sa femme, qui le seconde, je ne sais pourquoi, va caqueter avec eux, leur parler latin, grec, hongrois, que sais-je! Oh! je vous dis, Charles, et vous savez que je ne me trompe jamais! je vous dis, moi, qu'il y a quelque chose sous jeu.

En ce moment l'heure sonna, et Charles IX cessa d'écouter sa mère pour écouter l'heure.

— Mort de ma vie! sept heures! s'écria-t-il; une heure pour aller, cela fera huit; une heure pour arriver au rendez-vous et lancer, nous ne pourrons nous mettre en chasse qu'à neuf heures; en vérité, ma mère, vous me faites perdre bien du temps! A bas, Risque-Tout!... mort de ma vie! à bas donc, brigand?

Et un vigoureux coup de fouet sanglé sur les reins du molosse arracha au pauvre animal, tout étonné de recevoir un châtiment en échange d'une caresse, un cri de vive douleur.

— Charles, reprit Catherine, écoutez-moi donc, au nom de Dieu ! et ne jetez pas ainsi au hasard votre fortune et celle de la France. La chasse, la chasse, la chasse, dites-vous... Éh ! vous aurez tout le temps de chasser lorsque votre besogne de roi sera faite.

— Allons, allons, ma chère ! dit Charles pâle d'impatience, expliquons-nous vite, car vous me faites bouillir; en vérité, il y a des jours où je ne vous comprends pas.

Et il s'arrêta battant sa botte du manche de son fouet.

Catherine jugea que le bon moment était venu, et qu'il ne fallait pas le laisser passer.

— Mon fils, dit-elle, nous avons la preuve que de Mouy est revenu à Paris. M. de Maurèvel, que vous connaissez bien, l'y a vu. Ce ne peut être que pour le roi de Navarre. Cela nous suffit, je l'espère, pour qu'il nous soit plus suspect que jamais.

— Allons, vous voilà encore après mon pauvre Henriot! vous voulez me le faire tuer, n'est-ce pas?

— Oh! non.

— Exiler? Mais comment ne comprenez-vous pas qu'exilé il devient beaucoup plus à craindre qu'il ne le sera jamais ici, sous nos yeux, dans le Louvre, où il ne peut rien faire que nous ne le sachions à l'instant même!

— Aussi ne veux-je pas l'exiler.

— Mais que voulez-vous donc? dites vite!

— Je veux qu'on le tienne en sûreté, tandisque les Polonais seront ici; à la Bastille, par exemple.

— Ah! ma foi non, s'écria Charles IX. Nous chassons le sanglier ce matin. Henriot est un de mes meilleurs suivants. Sans lui la chasse est manquée. Mordieu, ma mère! vous ne songez vraiment qu'à me contrarier.

— Eh! mon cher fils, je ne dis pas ce matin... Les envoyés n'arrivent que demain ou après demain. Arrêtons-le après la chasse seulement, ce soir... cette nuit...

— C'est différent, alors. Eh bien! nous reparlerons de cela. Nous verrons après la chasse, je ne dis pas. Adieu! Allons! ici,

Risque-Tout ! ne vas-tu pas bouder, à ton tour !

— Charles, dit Catherine en l'arrêtant par le bras au risque de l'explosion qui pouvait résulter de ce nouveau retard, je crois que le mieux serait, tout en ne l'exécutant que ce soir ou cette nuit, de signer l'acte d'arrestation tout de suite.

— Signer, écrire un ordre, aller chercher le scel des parchemins quand on m'attend pour la chasse, moi qui ne me fais jamais attendre! Au diable, par exemple?

— Mais non, je vous aime trop pour vous retarder ; j'ai tout prévu, entrez là, chez moi, tenez !

Et Catherine, agile comme si elle n'eût eu

que vingt ans, poussa une porte qui communiquait à son cabinet, montra au roi un encrier, une plume, un parchemin, le sceau et une bougie allumée.

Le roi prit le parchemin et le parcourut rapidement :

« Ordre, etc., etc., de faire arrêter et conduire à la Bastille notre frère Henri de Navarre. »

— Bon, c'est fait ! dit-il en signant d'un trait. Adieu, ma mère.

Et il s'élança hors du cabinet, suivi de ses chiens, tout allègre de s'être si facilement débarrassé de Catherine.

Charles IX était attendu avec impatience, et, comme on connaissait son exactitude en matière de chasse, chacun s'étonnait de ce retard. Aussi, lorsqu'il parut, les chasseurs le saluèrent-ils par leurs vivats, les piqueurs par leurs fanfares, les chevaux par leurs hennissements, les chiens par leurs cris. Tout ce bruit, tout ce fracas fit monter une rougeur à ses joues pâles, son cœur se gonfla, Charles fut jeune et heureux pendant une seconde.

A peine le roi prit-il le temps de saluer la brillante société réunie dans la cour; il fit un signe de tête au duc d'Alençon, un signe de la main à sa sœur Marguerite, passa devant Henri sans faire semblant de le voir, et s'élança sur ce cheval barbe qui impatient bondit sous lui. Mais après trois ou quatre courbettes, il comprit à quel écuyer il avait affaire et se calma.

Aussitôt les fanfares retentirent de nouveau, et le roi sortit du Louvre suivi du duc d'Alençon, du roi de Navarre, de Marguerite, de Madame de Nevers, de Madame de Sauve, de Tavannes et des principaux seigneurs de la cour.

Il va sans dire que La Mole et Coconnas étaient de la partie.

Quant au duc d'Anjou, il était depuis trois mois au siège de La Rochelle.

Pendant qu'on attendait le roi, Henri était venu saluer sa femme, qui, tout en répondant à son compliment, lui avait glissé à l'oreille.

— Le courrier venu de Rome a été introduit par M. de Coconnas lui-même chez le duc d'Alençon, un quart-d'heure avant que l'envoyé du duc de Nevers ne fût introduit chez le roi.

— Alors il sait tout, dit Henri.

— Il doit tout savoir, répondit Marguerite, d'ailleurs jetez les yeux sur lui, et voyez comme, malgré sa dissimulation habituelle, son œil rayonne.

—Ventre-saint-gris! murmura le Béarnais, je le crois bien? il chasse aujourd'hui trois proies : France, Pologne et Navarre ; sans compter le sanglier.

Il salua sa femme, revint à son rang, et appelant un de ses gens, Béarnais d'origine, dont les aïeux étaient serviteurs des siens depuis plus d'un siècle et qu'il employait comme messager ordinaire de ses affaires de galanterie :

— Orthon, lui dit-il, prends cette clé et va la porter chez ce cousin de madame de Sauve, que tu sais, qui demeure chez sa maîtresse, au coin de la rue des Quatre-Fils ; tu lui diras que sa cousine désire lui parler ce soir ; qu'il entre dans ma chambre, et, si je n'y suis pas, qu'il m'attende ; si je tarde, qu'il se jette sur mon lit en attendant.

— Il n'y a pas de réponse, Sire ?

— Aucune, que de me dire si tu l'as trouvé. La clé est pour lui seul, tu comprends ?

— Oui, Sire.

— Attends donc, et ne me quitte pas ici, peste ! avant de sortir de Paris, je t'appellerai comme pour ressangler mon cheval, tu demeureras en arrière, ainsi tout naturellement tu feras ta commission et tu nous rejoindras à Bondy.

Le valet fit un signe d'obéissance et s'éloigna.

On se mit en marche par la rue Saint-Honoré, on gagna la rue Saint-Denis, puis le faubourg; arrivé à la rue Saint-Laurent, le cheval du roi de Navarre se dessangla, Orthon accourut, et tout se passa comme il avait été convenu entre lui et son maître, qui continuait du suivre avec le cortége royal la rue des Récollets, tandis que son fidèle serviteur gagnait la rue du Temple.

Lorsque Henri rejoignit le roi, Charles était engagé avec le duc d'Alençon dans une conversation si intéressante sur le temps, sur l'âge du sanglier détourné et qui était un solitaire, enfin sur l'endroit où il avait établi son bouge, qu'il ne s'aperçut pas ou feignit de ne pas s'apercevoir que Henri était resté un instant en arrière.

Pendant ce temps Marguerite observait de loin la contenance de chacun, et croyait reconnaître dans les yeux de son frère un certain embarras toutes les fois que ses yeux se reposaient sur Henri. Madame de Nevers se laissait aller à une gaîté folle, car Coconnas, éminemment joyeux ce jour-là, faisait autour d'elle cent lazzis pour faire rire les dames.

Quant à La Mole, il avait déjà trouvé deux fois l'occasion de baiser l'écharpe blanche à franges d'or de Marguerite sans que cette action, faite avec l'adresse ordinaire aux amants, eût été vue de plus de trois ou quatre personnes.

On arriva vers huit heures et un quart à Bondy.

Le premier soin de Charles IX fut de s'informer si le sanglier avait tenu. Le sanglier était à sa bauge, et le piqueur qui l'avait détourné répondait de lui.

Une collation était prête. Le roi but un verre de vin de Hongrie. Charles IX invita les dames à se mettre à table, et, tout à son impatience, s'en alla, pour occuper son temps, visiter les chenils et les perchoirs, recommandant qu'on ne dessellât pas son cheval, attendu, dit-il, qu'il n'en avait jamais monté de meilleur et de plus fort.

Pendant que le roi faisait sa tournée, le duc de Guise arriva. Il était armé en guerre bien plutôt qu'en chasse, et vingt ou trente gentilshommes, équipés comme lui, l'accompagnaient. Il s'informa aussitôt du lieu où était le roi, l'alla rejoindre et revint en causant avec lui.

A neuf heures précises, le roi donna lui-même le signal en sonnant le *lancer*, et chacun, montant à cheval, s'achemina vers le rendez-vous.

Pendant la route, Henri trouva moyen de se rapprocher encore une fois de sa femme.

— Eh bien! lui demanda-t-il, savez-vous quelque chose de nouveau?

— Non, répondit Marguerite, si ce n'est

que mon frère Charles vous regarde d'une étrange façon.

— Je m'en suis aperçu, répondit Henri.

— Avez-vous pris vos précautions?

— J'ai sur la poitrine ma cotte de mailles et à mon côté un excellent couteau de chasse espagnol, affilé comme un rasoir, pointu comme une aiguille, et avec lequel je perce des doublons.

— Alors, dit Marguerite, à la garde de Dieu!

Le piqueur qui dirigeait le cortège fit un signe : on était arrivé à la bauge.

FIN DU TROISIÈME VOLUME.

TABLE

DU TROISIÈME VOLUME.

Pages

Chap. I Le logis de maître René, le parfumeur de la reine-mère. 1

II. Les poules noires. 41

III. L'appartement de Madame de Sauve . . 65

IV. Sire vous serez roi. 97

V. Un nouveau converti. 115

VI. La rue Tizon et la rue Cloche-Percée . . 159

VII. Le manteau cerise. 199

VIII. Margarita. 253

IX. La main de Dieu. 257

X. La lettre de Rome. 277

XI. Le départ. 299

Sceaux. — Imprimerie de E. Dépée.

Librairie de Pétion.

LES TROIS MOUSQUETAIRES,
Par Alexandre Dumas.

VINGT ANS APRÈS.
Par Alexandre Dumas.

LE COMTE DE MONTE-CRISTO
Par Alexandre Dumas.

SANS DOT
Par madame Charles Reybaud.

Le Gentilhomme campagnard
Par Charles de Bernard.

LE COQ DU CLOCHER.
Par l'auteur de JÉRÔME PATUROT.

MADAME JEAN.
Par J.-M. Brisset.

LE CHATEAU D'AUVERGNE,
Par Élie Berthet.

LA DAME DE MONSOREAU
Par Alexandre Dumas.

LA VIE DE SOLDAT
ou les Casernes de Paris,
Par ÉMILE MARCO DE SAINT-HILAIRE.

LE DERNIER COLONEL
Par JULES DE SAINT-FÉLIX.

Une Nuit dans les Bois
Par PAUL LACROIX

Impr. de E. Depee, a Sceaux (Seine.)

www.ingramcontent.com/pod-product-compliance
Lightning Source LLC
Chambersburg PA
CBHW060353170426
43199CB00013B/1860